MAGIC WORDS
THAT TRANSFORM
YOUR BUSINESS

稼ぐ言葉の法則

「新・PASONAの法則」と
売れる公式41

神田昌典
MASANORI KANDA

ダイヤモンド社

はじめに

ぶっとばす。
立ち上がれないほどに、ぶっとばすから、
覚悟してほしい。

いったい私は、何をぶっとばそうとしているのか？

それは――
「売れない」だの、「稼げない」だのと思っている、弱気なあなただ。

あなたの中に、何かものを売ることに、苦手意識があったり、
ちょっとでも抵抗があったりするなら、
それを完全払拭するのが、本書の目的だ。

売るスキルを持ち、稼げる自分になる。

そのための「入門書」であり、

「バイブル」にしてほしいのが、このハンドブックである。


これからの時代——あなたは、「売る」ことを避けては通れない。

理由は、シンプル。

もはや売ることは、生活のためだけに、仕方なく行うものではない。

売ることは、自分の才能を見出し、表現するための、最高のプロセスであり、その結果、**収入に直結**するようになってきたからだ。


かつて収入は、勤める会社、役職、年齢、そして学歴でほぼ決まっていた。

決められたとおり、真面目に仕事していれば、誰もが生涯にわたって安心・安定的に収入は上がっていった。

しかし、状況は完全に変わってしまった。

今では、驚くほどの収入を稼ぐ〝普通の人たち〟が急速に増えている。

しかも、その人たちは、無理矢理イヤな労働をしているのではなく、好きな仕事に楽しく取り組んでいる。

おそらく、あなたも、こんな人たちのことを頻繁に耳にするようになっているのではないか。

――ボーナスだけで数千万円を稼ぐベンチャー企業の40代執行役員

――副業の不動産業で、億を超える年収を稼ぐ30代の大企業サラリーマン

――夫の年収を軽く超える収入を稼ぎ始めたサロネーゼたち

――ユーチューブで数千万円の年商を稼ぐ20代の起業家

――定年間近にフェイスブックでブレイクした50代後半のサラリーマン

驚くほどの収入を稼ぐ人たちは、例外だと、もはや無視することはできない。

なぜなら、そういう存在は、まわりに見聞きしてみれば、ひとりはいるほど一般化し始めているからである。

今まで階層（ヒエラルキー）によって守られていた「収入の壁」は崩れ去った。

どれだけの収入を得るかは、あなたが属する会社ではなく、**あなたという個人がどれだけ自分の才能を見出し、それを属する会社に、そして顧客に「売る力」を持っているか**で決まる。

ところが、売る自信がないと、どんなに才能ある人でも、自分が属すべき世界とは異なる、狭い世界に押し込められたまま、一生すごすことになる。

ひとつのエピソードを、紹介しよう。

ある日のこと――

私は講演会場に向かうために、タクシーに乗った。

行き先の講演会場名を伝えると、60歳くらいの運転手さんがぼそりと話し始めた……。

「お客さんが行かれるホールの音響は、私が設計したんです……。世界トップレベルですよ……」

興味を持った私は、運転手さんと会話を続けた。

「ええっ、運転手さんが、設計されたんですか?!」

バックミラー越しに見える運転手さんの顔が輝いた。

「そうなんです。数年前まで、私はある電機メーカーに勤めていましてね……。コンサートホールの音響デザインが、私の専門だったのです。世界中のホールを手がけましたよ」

あまりにも意外だった。

なぜ、これほどの音響デザイナーが、自らの専門性を活かせない仕事を???

私の不躾(ぶしつけ)な質問に、答えた運転手さんの顔がちょっと翳(かげ)った。

「……私、今でもその仕事はできると思います。しかし、一緒にやってきた部下に譲ることが必要でしょう。だからね、勇退したんですよ……」

正直、私は悲しくなった。

そして心の中で、大声で叫んだ。

「運転手さんの才能は、私たちの宝ものじゃないか！

だから、もう一度、世界をかけめぐってほしいのです！」

世界で活躍した音響デザイナーが、自らの能力を必要としない仕事を選んだのは、いったいなぜか？

それは、会社を離れてしまえば、音響デザインという経験や才能では**「売れるはずがない」という思い込み**が、根づいてしまっているから。

「年齢とともに、収入は下がるもの」という常識を、無条件に受け入れてしまっているからなのだ。

「売る力」は、誰でも発揮できることを知ったら、彼はどんな仕事を選んでいただろうか。

そして生涯、どんな夢と情熱を持ち続けただろうか。

売ることを避けていると、本来持った、あなたの才能が磨かれず、世の中にも活かせない。

あなたが「売る力」を活用しないのは、**世の中にとって大きな損失**なのである。

私は、今まで**2万人を超える経営者、起業家を育ててきた経験**から断言するが、「売る力」は、**人間誰しもが持った、自然な力**である。

その本質は、出会った相手の中に才能を見出し、自分が提供できる価値とつないでいくコミュニケーション能力にあり、それは**言葉の使い方**で決まる。

そこで今回、本書により、私が提供したいのは、あなたにすでに備わっている「売る力」を体験していただくための〝**言葉の使い方マニュアル**〟だ。

多くの人は、商品を売るためには、気の利いた表現で描写すること——すなわち、「どのように（HOW）言うか？」に注目するが、**これは間違い。**

もっともっと重要なのは、**「何（WHAT）を、どの順番（WHEN）で言うか？」**なのだ。

そこで、PART1では、質問に答えるだけで、何（WHAT）を見出せるようになる**「稼ぐ言葉を掘り当てる『5つの質問』」**、そしてPART2では、見出したWHATを、どの順番（WHEN）で説明するかの**「新・PASONAの法則」**を説明する。

この「稼ぐ言葉を掘り当てる『5つの質問』」と「新・PASONAの法則」は、売る力を身につけるうえでは、**これ以上、シンプルかつ強力なものはないと自信を持って言えるほどの知恵**だ。

特に「PASONAの法則」は、マーケッターの間ではよく知られている法則で、私が**17年ほど前に開発したものだが、今まで書籍化を拒んできた。**

なぜなら、**あまりにも効果的かつ即効性**があるために、悪用されかねなかったからである。今回、ようやく誤解されることなく、説明できる自信がついたので、時代の変化を踏まえて改善し、「新・PASONAの法則」として、初めて詳しく説明する。

PART1〜PART2の、売るためのテクニックは便利なものであるが、それだけでは長続きしない。当然のことながら、ビジネスが繁栄していくためには、日々の問題に対応しながら、魅力的な企画を提案し、まわりの協力者を巻き込んで、小さな成功体験を積み重ねていく必要がある。

こうしたビジネスの成長プロセスは、**使う言葉で加速化できる**。なぜなら、障害にぶつかっても、解決のためのアイデアを発想しやすくなり、またメンバー間のコミュニケーションがスムーズに進んでいくからだ。

PART3では、稼ぐビジネスがつくりあげられていくプロセスを、「**【貧す人】vs【稼ぐ人】売れる公式41**」として提供する。

目的は、今売るべきものが見当たらなくても、あなたが当たり前に稼げるようになる体質づくりを、目の前の仕事を通じて行っていただくためである。

この「**【貧す人】vs【稼ぐ人】売れる公式41**」も、シンプルかつ強力だ。

表面的には、41の売れる公式だけを集めたように思われるかもしれないが、背景には、私の**20年間で数万人のコンサルティング経験を凝縮した理論体系**があり、稼ぐビジネスをつくりあげるうえで、本当に必要な原則を漏れなくダブることなく抜き出した。

気楽に読んで、ひとつでも使ってみていただくと、たちまち現実に違いが生じ始めるはずだ。

今までは、個人が生きていくうえでは、会社が必要だった。

しかし、これから会社が成長し続けるためには、

会社にしがみつく個人ではなく、

稼ぐ力を持った、自立した個人を必要とするようになった。

だから、売る自信がないというあなたの弱気は、

これから本書を通して、私が、ぶっとばす。

その代わりに提供するのは、新しい時代に向けて、

自分を輝かせ、会社を甦(よみがえ)らせ、
世界をぶっとばす力である。

売ることにしっかりと向かい始めることで、
あなたの真の才能が浮かび始める。

それは、言葉の使い方を、**ほんの少しだけ、変える**ことから始まる。

それではさっそく、あなたの内にある、
「売る力」を体験し始めていただきたい。

2016年2月吉日

神田 昌典

『稼ぐ言葉の法則――「新・PASONAの法則」と売れる公式41』目次

PART 2 「新・PASONAの法則」で、売れる言葉の〝流れ〟をつくる方法 …… 61

PART 1

稼ぐ言葉を掘り当てる「5つの質問」

売上を上げる2つのセオリー

43,252,003,274,489,856,000――読みあげると、「4325京」。

これは何かって言うと、ルービックキューブの組合せの数である。

この無限の組合せが、達人の手にかかると、5・25秒で完成だ。

どんな乱雑とした状態にあっても、20手もあれば、あるべき姿に落ち着くことになる。

言葉も同じだ。

無限の組合せがあるのだが、**〝売る〟という目的にフォーカスすると、シンプルな手に落ち着く**ことになる。

これから、あなたにお伝えしたいのは、**そのシンプルな手**である。

私は、売るための文章の法則を、コンサルティングの体験を通して発見した。

当時、立ち上げた会員コンサルティング・サービスがヒットし、私は**年間2000件もの相談**を受けることになった。

コンサルティングの内容は、極めてシンプル。

「売上を上げること」だ。

広告、チラシ、ダイレクトメール、営業トーク……見知らぬ会社からの提案に、見知らぬ顧客が手を挙げる――。

つまり「売り手」と「買い手」が接点を持つその瞬間で使われる〝言葉〟にフォーカスした。

言葉の配列を変えていくことで、顧客の反応が変わり、社員の対応が変わり、会社の現実が変わる。まさにクライアントから渡されたルービックキューブを、売るように整える作業を連日行ったのだ。

その結果、見出した**稼ぐ現実をつくる2つのセオリー**がある。それが――

「稼ぐ言葉を掘り当てる『5つの質問』（以下「5つの質問」）と**「新・PASONAの法則」**

である。

この2つのセオリー（↓図1）を使えば、どんな異なる業界、異なる規模、異なる商品の会社を相手にしても、**20分以内に、売るために必要な情報を導き出し、売れるように変えていく**ことができる。

売れる文章（コピー）を考える際、多くの人がムダな努力をしている。

顧客の印象に残るために〝気の利いた表現〟を考えたり、〝美しい文章〟をつむいだりすることに苦心しているのだ。

しかし、私が発見した事実は、気を利かせたり、美しい文章を考えることとは**一切無縁**。

「売上を増やすために必要な工夫は、どう言うか（HOW）より、**誰（WHO）に、何（WHAT）を、どの順番（WHEN）で言うか？**」

ということだった。

図1　稼ぐ現実をつくる2つのセオリー

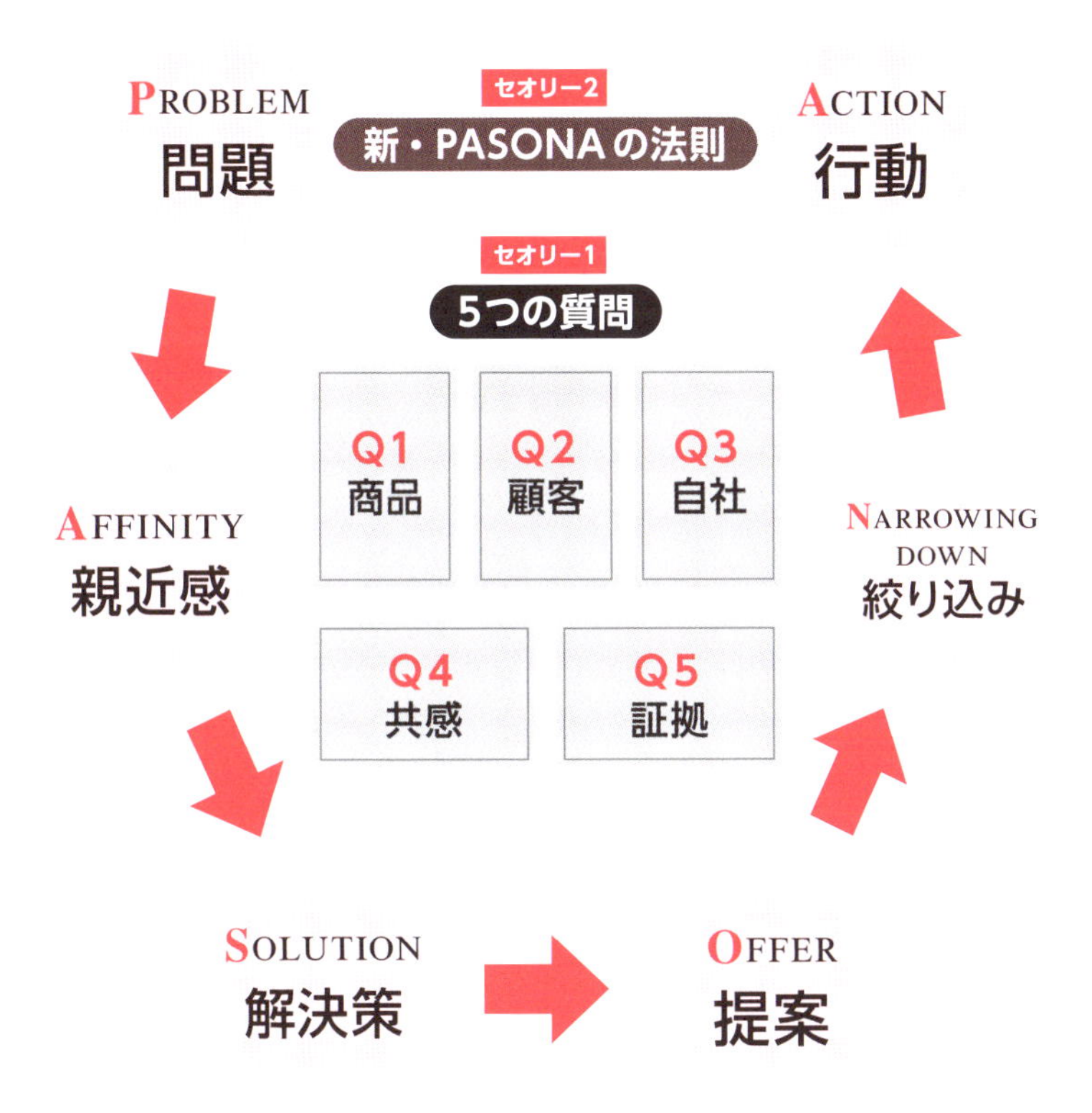

真実の瞬間には、必ず言葉がある。

そして、そのためのツールが、「**5つの質問**」と「**新・PASONAの法則**」というわけだ。

この2つのセオリーを実行すれば、商品は面白いように売れ始めるようになる。

しかも、売上が上がるだけではなく、あなたが伝えたいことが、聞き手にわかりやすく伝わるために、**あなたの価値を引き上げる。**

断っておくが、この本は**実用本位**だ。

売ることに苦手意識を抱える人も、短時間で成果を出せるように、できれば、2回読んでいただきたい。

まずは、全体を理解。そして次にはペンを持って、書き込みながら。

私やクライアントのように、面白いほどに効果を感じていただけるはずだ。

ではさっそく、誰（WHO）と、何（WHAT）を導き出すツール「**5つの質問**」についてお話ししよう。

あなたは、1個のリンゴから、どれだけ価値を引き出せるか？

売れるようになるためには、いったい何を言ったらいいのか？
実際に、「売るプロセス」を体験してみよう。
まず、「リンゴを売る」ことを想像してみていただきたい。
「ハハハ……神田さん、リンゴなんて、どれも同じじゃないですか？」
鼻で笑われるかもしれないが、どれだけ差がつくか、つかないか。
まずは体験だ。
これから、実践してみよう。

あなたのまわりに、初対面の人、100人がいるとする。
その方々に、リンゴを買ってもらうためには、何と言えばいいだろう？
仮に、あなたが、次のように言ったとする。

「みなさん、リンゴは、いかがですか?」

……おそらく誰も買わないだろう。

それは、なぜか?

どんなリンゴかわからないから、**ほしいかどうか、誰も判断できない**からだ。

そこで、あなたは、リンゴの魅力を理解してもらうために、どう説明しようかと考え始める。

「長野産」と、産地を明確にしたら、どうだろう?

「糖度13度」と、甘さを表現したら……

「山田農園」と、生産者を明確にしたら……

贈答用に見た目のいいものだけを選んだら……

このように、商品に関する情報量を理解すればするほどに、たった150円程度にしか見えなかったリンゴの価値がどんどん上がっていく。

つまり商品価値とは、その**商品に関する情報をどう引き出し、どう配列するか**によって決まるのだ。

ちょっと比べてみよう。


【表現❶】

「おいしいリンゴは、いかがですか。一個一個、味は違いますから、本当においしいかどうかはわかりません。まぁスーパーで売っているものよりは、おいしいです。はい、きっと。産地は……えーと国産ですから、安心安全です。ぜひ、どうぞ」


【表現❷】

「こちらは、おいしいリンゴです。実は、このリンゴはですね、長野県の佐久高原産なのです。山田さんがつくったリンゴですが、彼の農園近くの川に行くと、メダカがたくさん泳いでいるんですよ。本当にキレイな川で、６月にはホタルが飛び交うんです。

５歳の子どもは、『リンゴは酸っぱいからイヤ』と言って、スナックばかり食べていたんですが、これを食べてから、一気にリンゴ好きに。

すごいですよ、切ってみると、芯まで蜜がしみ込んでいて、果汁があふれてくる。一度食べると、リンゴの概念が覆されますよ。あ、そうそう、つけ加えると、山田さんは〝土づくりの専門家〟として全国の農家さんの指導もしていたな」

同じリンゴでも、それを表現する言葉の違いで、ここまで顧客に与える印象が異なることがおわかりいただけるだろう。

しかし……重要なのは、このように説明を尽くしたリンゴが「売れるかどうか」である。

【表現②】のように説明したら、このリンゴは売れるだろうか？

残念ながら、売れない。

理由は、直感的に**わかりづらい**からだ。

私の経験からすれば――売上が上がらないと相談を持ち込まれた場合、その原因の8割が「**商品説明がわかりづらい**」ということだった。

多くの売り手が、商品について、話し始めると、止まらない。

しかし、いったい何を伝えたいのか、最後まで聞いてもわからない。

そこで……わかりやすい説明を実現していただくために、私が必ず聞くようになった問いが、【5つの質問】の、ひとつ目だ。

【質問1】で、「商品」の特徴をわかりやすくする

【質問1】
あなたの商品は、ズバリどんな商品か？
その特徴2つを、20秒以内で、
直感的にわかるように説明すると？

20秒以内で説明しなければならないのはなぜかと言えば、ひとつのことに耳を貸せる時間は、テレビコマーシャルと同じぐらいの15秒から、長くても20秒であるからだ。

また、そのとき同時に、2つの特徴を挙げてもらう。

なぜ2つかって？

それは、ひとつの特徴では、あいまいすぎるので、買い手にイメージされにくいからだ。

リンゴの例で、試してみよう。

特徴1　長野県・佐久高原産

このように、ひとつの特徴だと、まだイメージできないが、

特徴2　メダカが泳ぐ川

これをつけ加えて、表現すると……、

「長野県・佐久高原、メダカが泳ぐ川近くの農園で育てられました」

このように、もうひとつ特徴を加えただけで、より**明確にイメージ**が浮かんでくるだろう。

あなたが自分の商品で、この質問に答えると、はじめは、20秒ではとても説明できないことがほとんどだ。

では、どうすれば、わかりやすく説明できる言葉を見つけ出すことができるのか？

そのコツを、お教えしよう。

◉3分かかってもいいので、とにかく自分の商品を、誰かに説明してみる

◉**説明の最後のほうで、口から自然に出てきた言葉**に注目する

これは、「ブレーンストーミングでは、**最後に重要なメッセージ**が現れる」という経験則を活用したものだ。

リンゴの場合には、どうなるか？

29ページの説明の「最後の表現」を見てみよう。

「……あ、そうそう、つけ加えると、山田さんは〝土づくりの専門家〟として全国の農家

さんの指導もしていたな」

このように、**最後に口をついて出た言葉**から、特徴を拾っていくと……

「メダカが泳ぐ川近くの農園で、土と水にこだわる山田さんに育てられました」

これなら、ちょうど20秒くらいだ。

じゃあ、これでリンゴは買ってもらえるだろうか？

実際に、この文言ポップに書かれていたら、その前を通りかかる人は、手を伸ばすだろうか？

……やっぱり、まだ買ってもらえないよね。

ただし、興味を持つ人は、増えたはずだ。

残念ながら、商品をわかりやすく表現しただけでは、興味を持ってもらえるかもしれないが、**お金を出すほどまでのことはない。**

興味を持つことと、お金を出すことの間には、**〝越えがたい大きな溝〟**があるのだ。

【質問2】で、商品をほしがっている「顧客」を見つける

ところが、このリンゴが一斉に、簡単に売れてしまう場合がある。

売場にいるお客がみんな「どうしようもなく空腹だった」という場合だ。

つまり、顧客に、**「差し迫った必要性」**がある場合には、必ず買ってもらえるよね。

だから、あなたの商品が、**のどから手が出るほどほしい……という人を対象**とするのだ。

そこでこの質問だ。

> **【質問2】**
> **この商品を20秒以内で説明しただけで、「なんとか売ってくれ」と頭を下げて、嘆願してくるお客は、どのようなお客か？**

「頭を下げてまでお金を払うケースなんて、ほとんどないよ」

と思われるかもしれない。

そう、これはあくまでもあなたのイメージを刺激するための比喩。

本当に頭を下げてくる買い手が実在する必要はない。

では、どういう場合に、買い手は、「お願いですから、売ってください」と嘆願するのか？

人が行動を起こす原因は、**次の2つだけ**だ。

「苦痛を避けるため（に売ってください）」
「快楽を得るため（に売ってください）」

そして売上を上げるためには、**「苦痛を避けるため」**の切り口を打ち出すほうが、圧倒的に結果を出しやすい。

もちろん、「おしゃれな服がほしい」とか、「大好きなタレントのコンサートに行きたい」といった「快楽を得るため」の欲求により行動を起こすことも多い。

しかし、それは先延ばしにしても、なんとか日常は維持できる。

一方、苦痛は、そのままにしたら、日常どころではない。ヘタすれば、命に関わる。だから、痛みを避けなければならない状況にあることを自覚し、それがなんらかの商品の購入で解消できる場合には、顧客は「なんとか売ってくれないか」というほど真剣に、購入を考えるのである。

「……でも、神田さん、苦痛を避けさせるために商品を売るなんて、お客さんを脅かして販売するようで、私は気が進みません」

このような感想を持つあなたは……実に正しい！　真っ当だ！

誤解を避けるために言っておくが、苦痛を避ける提案をすることは、苦痛をあぶりたてることとはまったく違う。

顧客の痛みを、自分のために利用してはならない。

そんな利己的な動機でビジネスを行えば、今の時代、悪評が広がり、簡単に市場から駆逐される。そうではなく、

「顧客の痛みを、自分の痛みとして感じられる感性」

が重要なのだ。

大切なことなので、繰り返す。

顧客の痛みを、自分の痛みとして感じられる感性を、あなたが持てるかどうか？

それが、売るためのコミュニケーションを取るうえで、**最も重要な資質**なのだ。

では、リンゴの例で、どうすれば「顧客の痛み」を感じられるか？

普通に考えれば、「リンゴ」と「苦痛」とは、なんら関係ないように思える。

しかし、ここは演習として、【質問2】に対する答えを、考えてみよう。

【質問２】
この商品を20秒以内で説明しただけで、「なんとか売ってくれ」と頭を下げて、嘆願してくるお客は、どのようなお客か？

【答えの例①】 **健康志向……自分向け**

頭を下げて売ってくれと依頼してくる買い手は――「健康志向で、毎日スムージーを愛飲している主婦」。食材には徹底的にこだわっていて、野菜との相性を考えながら、財布にもやさしいスムージー用のリンゴを、ここ数年間、探し求めている。

【答えの例②】 **安全志向……子ども向け**

頭を下げて売ってくれと依頼してくる買い手は――「お子さんがぜんそくやアトピーで

悩んでいて、リンゴがいいと医者から聞いたお母さん」。ワックス、農薬などをできるだけ使っていない、生産者がはっきりしているリンゴを食べさせたい。

【答えの例③】 贈答用

頭を下げて売ってくれと依頼してくる買い手は――「お子さんが添加物ばかりのスナックしか食べずに悩んでいる、と打ち明けてくれた友人への贈答品を探している人」。自分の家族も、このリンゴで、食生活が大幅に改善したので、同じ体験を分かち合いたい。

【答えの例④】 プロ向け食材

頭を下げて売ってくれと依頼してくる買い手は――「リンゴを使ったお菓子づくりで著名なパティシエ」。ライバル店が近隣に出店してきたので、産地がはっきりしたリンゴで、品質の違いを打ち出したい。

こうすると、**【質問2】**への回答として、次のような一文ができあがる。

「お子さんがぜんそくやアトピーで悩んでいて、リンゴがいいと医者から聞いたお母さん。ワックス、農薬などをできるだけ使わず、生産者がはっきりしているリンゴを食べさせたい人。子どもの健康を深く考え、家族の食習慣を整えたい人」

以上のように、リンゴを提案するにあたっても、単純に「おいしい食材を食べたい」という欲求にフォーカスするだけではなく、**「何かお困りのことがあるだろうか？」と、痛みに思いをはせる**ことで、同じリンゴでも、まったく異なる提案ができることがわかるだろう。

顧客について深く考えていくと、彼らが言葉にできない痛みを感じ取れるようになるので、顧客が受け取る価値を、自然に引き上げることができるのだ。

「商品知識」と「顧客知識」が上げた価値

【質問1】と【質問2】により、誰でも短時間で、「商品」と「顧客」に関する情報を集めることができるようになる。そして……

◉商品についての知識は、「**提供する**」価値を引き上げる
◉顧客についての知識は、「**受け取る**」価値を引き上げる

こうして、あなたが与えるものと、顧客が求めるものがマッチしたとき、ビジネスを通して、最高のコミュニケーションが成立する。

双方が交換する価値、すなわち、**価格が最大化**する。

言い換えれば、**価格とは「相手を思いやる気持ちの深さ」によって、決まってくる**のである。

図2　**「稼ぐコミュニケーション」の本質とは？**

【質問２】で得られる効果

「顧客」知識が深まるにつれ、同じ商品でも高い価値を提供できる

【質問１】で得られる効果

「商品」知識が深まるにつれ、同じ商品でも高い価値を受け取れる

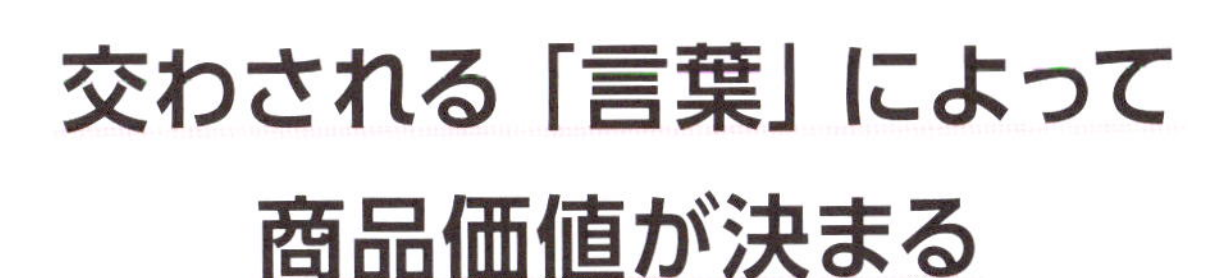

【質問3】で、「自社」の信頼性を表現する言葉を見つける

2つの質問の結果——、誰に、何を売ったらいいか、次第に浮かび上がり始めてきた。

◉**このリンゴは、水と土にこだわる山田さんが、豊かな自然から生み出した作品**（**【質問1】**で出た答え）。

◉**「お子さんの健康を気づかうお母さん」が対象**（**【質問2】**で出た答え）。

その前提で、リンゴの説明をさらに工夫してみると……

「お子さんに自然のおいしさを。**水と土にこだわる山田農園から、おやつに最高のリンゴが届きました**」

さて、このコピーで、どれだけの人が買うか？

対象客、すなわち「子どもの健康を気づかうお母さん」であれば気になるだろうが、まだ買うまでには至らない。

その理由は、2つある。

ひとつは「**価格がわからない**」から。

そして「**売り手が誰かわからない**」からだ。

買い手が望む価格に売り手が納得すれば、あるいはその逆であっても、どんなものでも売れるようになる。

しかし現実には、買い手は、ほかで安く買えるかもしれないので、できる限り安く買おうとし、売り手も損をしたくないので、なかなか折り合いがつかない。

そこでスムーズに取引するために絶対必要となるのが、あなたの会社の「**信頼性**」だ。

その**信頼性**を表現する言葉を見出すのが、【質問3】だ。

【質問3】

いろいろ似たような会社がある中で、
既存客は、なぜ自分の会社を選んだのか?
同じような商品を買えるような会社がいろいろある中で、
なぜ既存客は、自分の会社から、この商品を買うことにしたのか?

この質問のポイントは、**既存客がなぜ自社を選んでくれたのか**、というところである。

これから買う新規客が自社を選ぶ理由ではなく、**既存客が自社を選んだ理由**を知りたいのだ。

なぜなら、**何が自分の強みなのか、見えなくなっている会社が実に多い**からだ。

社員は、「商品機能のよさや、価格の安さで(自社商品が)選ばれている」と思っていたが、実際に、既存客に聞いてみると、**まったく異なる答えに驚く**ことが多い。

たとえば、「取引先に優良会社が多いので……」という理由だったり、「親の代からお世話になっているから……」という具合である。

このように、機能や価格よりも、顧客は、**最も信頼できる会社から買う**ことが多い。
そこで重要になるのが、あなたの会社の、**何が評価**されているのか、**既存客の視点から考え、その答えを、新規客にしっかりと伝えられるように言葉にしていく**ことである。

信頼される関係づくりのためには、次のような事実が役立つ。

◆会社の信頼性を高めるために、必要な事実

◉レビュー（お客様の声）
◉社長、社員の顔写真
◉社歴
◉取引先リスト

- 著名人との写真
- マスコミ掲載記事
- テレビ広告、新聞広告
- 研究論文
- 表彰歴
- 権威づけ、肩書き、学歴
- 社会貢献への取り組みなど

リンゴの例であれば……。

「あの5つ星ホテルご指定のリンゴジュース、また国際パティシエ大会金賞受賞のアップルパイに使用されているリンゴは、私どもの農園のものです」

といったような事実があれば、それを打ち出すことにより、安心して取引する環境が整うのである。

【質問1】で「**商品**」を知った。【質問2】で「**顧客**」を知った。

そしてこの【質問3】で、あなたは「**自社**」を知ることになる。

この3つを理解し合い、信頼し合える環境になったときに、言葉により売れる環境が生まれるのである。

図3　重要な「商品・顧客・自社」3つの理解

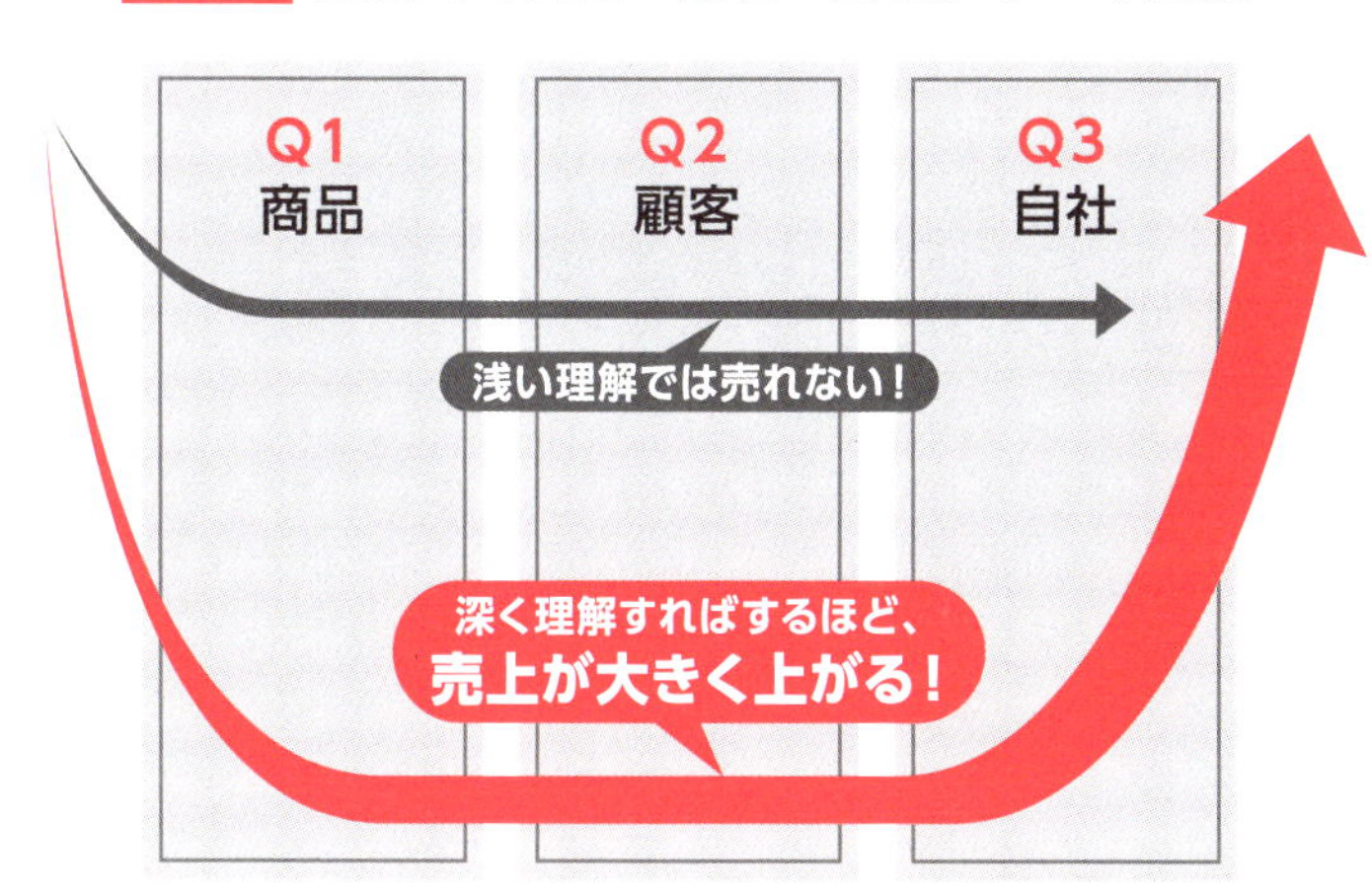

【質問4】で、さらに顧客の内面に入り込み、「共感」を得る

ここまで考えれば、もう買ってくれるのかと思うだろうが、さらに、深く掘り下げて考え、今まで気づかなかった発見をしていくことで、販売に必要なさらなる情報が引き出せる。

そこで必要なのが、次の【質問4】だ。

【質問4】
いったい、お客は、どんな場面で、
怒鳴りたくなるほどの怒りを感じているか？
どんなことに、夜も眠れないほどの悩み・不安を感じているか？
どんなことに、自分を抑えきれないほどの欲求を持つか？
その「怒り・悩み・不安・欲求」をお客が感じる場面を、
「五感」を使って描写すると？

顧客の痛みは、自分の痛みであることを深く感じ、**ハートとハート**でつながるレベルになると言ってもいいだろう。

顧客がひとりで深く思いわずらっていることはないか？

たとえば、リンゴの例であれば、

「食に対して不安がある。農薬、除草剤、遺伝子組換え……。花粉症やアトピーが増えているのも心配だけれども、それ以上に心配なのは『食は記憶をつくる』ってことだ。私にとってリンゴの記憶は、田舎から送られてくる、今はなつかしい、葉つきのリンゴだった。リンゴの木には鳥が集まったらしいが、母がリンゴの皮をむくと、兄弟みんなが鳥のように集まったっけな。安らかで、暖かい家族団らんの記憶だけれども、自分の子どもたちは、今、いったいどんな記憶を刻んでいるのだろうか？」

このように、**顧客の内面を深く想像**することで「この会社は、**どうして私をここまでわかってくれるのだろうか**」と、感心されることになる。商品だけを販売し、ビジネスとして関わってくる会社とは大きく差別化されるのだ。

「神田さん、ちょっと待ってください。これは、リンゴを売ることとは、何の関係もないですよ。それを表現したって誰も、リンゴなんかの話に、そこまで耳を傾けるはずがないでしょう？　葉っぱつきだろうが、そうでなかろうが、家族の団らんの記憶になろうが、なるまいが、そんなことで売上は変わらないでしょう！」

あなたは、そう言うかもしれない。しかし、

ほら……文章を読んでいるうちに、あなたも、昔に味わった食の記憶と、家族の記憶を思い出しているはずだ。そして、人の痛みを理解し始めると、それが自分の痛みに変わり、自分が持っている商品（リソース）を通じて、何かできることはないかと探し始める。

その結果、不思議なことに、リンゴが売れるかどうかは、だんだん、どうでもよくなってきて、ある人は、こう考え始めるかもしれない。

「そうだ、**家族の記憶をつくるリンゴを提供するという気持ち**で、リンゴを売ったら、どうなるんだろう？」

「生産者である自分の家族を愛するから、そして顧客とその家族を愛するから、農薬やワックスをできるだけ少なくし、自然のままでお届けできないだろうか。利益を上げる商品としてのリンゴではなく、家族に食べさせたいリンゴをつくる。そうだ！　リンゴを通じて、愛にあふれる家族の記憶をつくりだす、……それが自分の、**真の仕事**じゃないだろうか！」

このように**顧客の内面を深く想像**することで、**自分の内面にも深く入り始め、自分にしかできないことが浮かび上がる**のだ。

「**『愛にあふれる家族に、真の安心と健康を届けるリンゴづくり』**が、私のライフワークです」

このように心から表明できたとき、どれほどの人が、このリンゴを食べていたいと考えるだろうか？

他社は、リンゴという、顧客の生活のほんの一部にしか入り込めない商品を販売しているのだが、あなたの会社は、**顧客とともに、家族の記憶をつくるという事業**に取り組み始める。

その結果、一度、購買して満足した顧客は、単に一過性のおつき合いではなく、**生涯にわたってあなたの会社とつき合う**ようになるのだ。

【質問5】で、顧客の安心を見つけ、圧倒的な「証拠」を提示する

大げさに言えば、商品・サービスを購入するということは、顧客にとっては「自分の抱えている問題を解決する」ということ。

もっと言えば「**〝今の自分〟から〝新しい自分〟に変化する**」ということだ。

そして、どんなにその商品・サービスが自分にとって〝よい変化〟だとしても、人は変化には慎重になる。なぜなら、どんな変化にも、メリット・デメリットがあるからだ。

そこで、その解決策（商品・サービス）が好ましいか、まずは感情で判断し、次に、そ

の解決策の選択が本当に正しいか、理性で検討する。

このための情報が足りないと、解決策が自分にとっては役立たないことを、顧客は逆に証明しようとする。

そこで、商品・サービスの購入による「自分の変化」に対して、できるだけ安心してもらえるように、事前に、十二分に、**購買判断に役立つ情報**を挙げておかなければならない。

その情報を引き出すのが、次の【質問５】である。


【質問５】

なぜこの商品は、その悩みを簡単に、短時間で解決できるのか？

それを聞いたとたん、お客はどんな疑いを持つか？

その猜疑心を吹き飛ばす〝具体的・圧倒的な〟証拠は？


リンゴの例で言えば、ここで考えるべき証拠とは、「糖度○度」だとか「大きさ」といった商品自体の機能性表示ではない。

また、会社自体の信頼性を表現する「表彰歴」や「社歴」でもない。

「愛にあふれる、家族の記憶というトータルな価値を提供している」という〝事実〟が必要なのだ。

圧倒的に有効なのが、「**お客様の声の数**」、そして「**写真**」である。

この場合、お客様の声は、リンゴのおいしさだけを讃えるかと言えば、そうではない。

「誕生日に贈って、母から感謝された」

「焼きリンゴ、アップルパイ、何にしても……家族に喜ばれます」

「今度、この農園のリンゴ狩りに行ってみたいよね……と家族旅行の話になりました」

などなど。

そして写真は、

「リンゴに群がる、幼稚園児」

「リンゴの木の下で、リンゴをほおばる家族」

「親子3代、リンゴとともに」

といった写真、さらには、

「風邪のときでも、お子さんが笑顔になるジンジャー・アップルサイダーのつくり方」

といったレシピを載せても効果的だ。


こうした作業は、〝やらされ仕事〟の場合には、「オイオイ、ここまで考えなければならないのか」と面倒くさがられるかもしれない。

しかし、これが〝自分のライフワーク〟だとはっきりとわかった場合、喜び以外のなにものでもない。商品づくりの才能の提供が、顧客へ喜びをもたらし、その顧客の喜びが、自分の自信になってくる。

つまり、仕事が、自らの人生の表現活動になっていくのだ。

以上が、クライアントの事業を、売れるように変えるために、**必要な情報を20分間で引**

き出す「5つの質問」だ。

私が20年以上に及ぶ経験則から見出した、最小限の質問セットである。

使ってみると、わかるが、単純に売上を上げたいということで、テクニック的にこの質問を使いながらも、**顧客のことを深く考えることで、結果としては、自分自身の内面を深く見つめ直す。**

そのことで、事業の存在意義を考え、そして新しい認識のもとで、事業を再構成していくプロセスになっていることがわかるだろう。

私の著書は、はっきり言って、使えば効果があり、お金をもたらす。

図4　「5つの質問」を通して得られる2つのこと

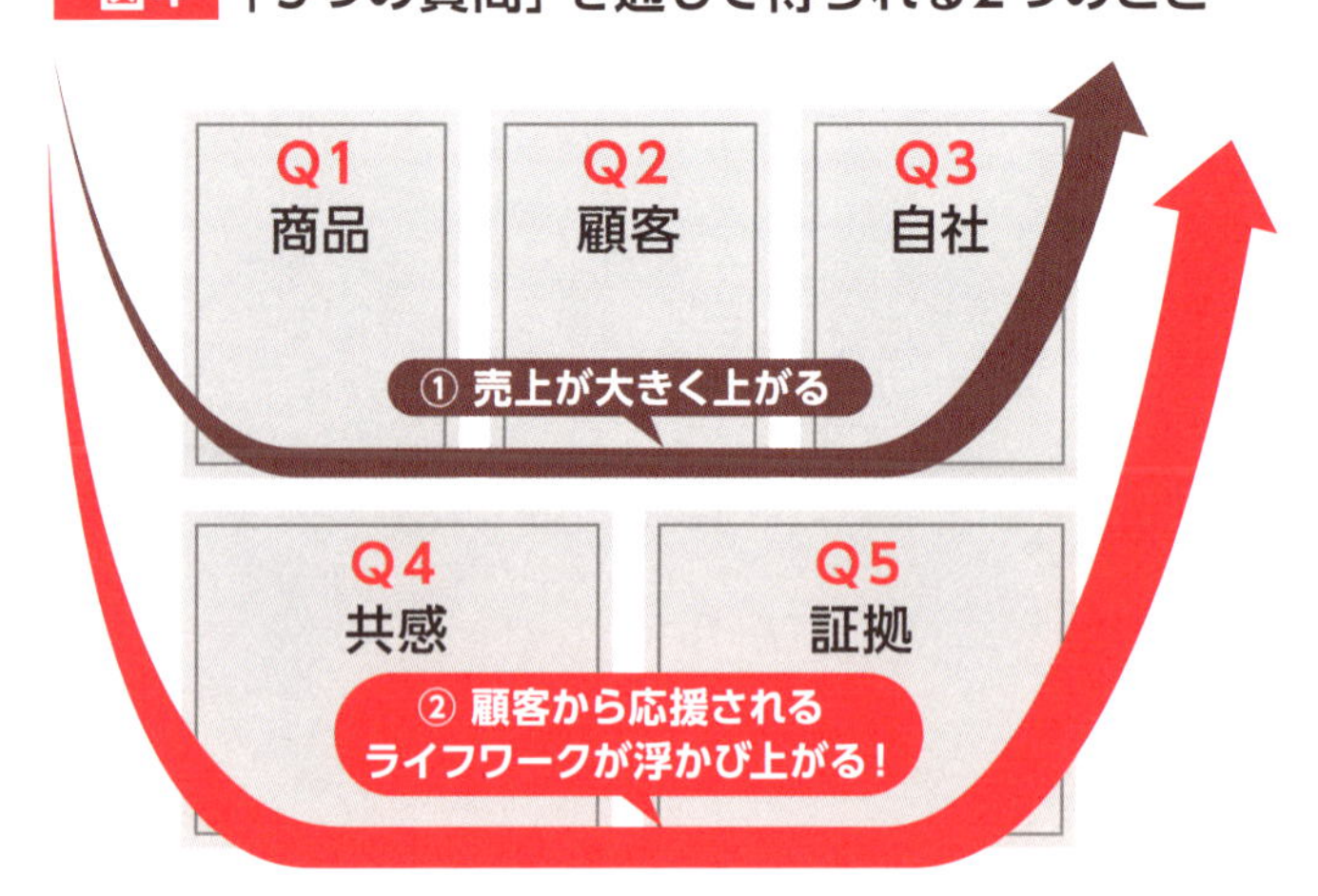

だから「神田の話は、お金のことばかり」と誤解されることもあるが、申し訳ない。

稼ぐためのテクニックに見えるだろうが、それは「入口」だけ。

「出口」は――、**あなた自身の変革を通じて、世界を変革**することなのである。

PART 2

「新・PASONAの法則」で、売れる言葉の“流れ”をつくる方法

「新・PASONAの法則」とは何か

これまで見てきたように、「稼ぐ言葉を掘り当てる『5つの質問』」で、商品、顧客、自社を深く理解することにより、一気に他社とは異なる、自社ならではの顧客へ提案すべき要素、すなわち**「誰」（WHO）に「何」（WHAT）を言うか**が浮かび上がり始める。

そして、いよいよ今度は、その要素を、**どのような「順番」（WHEN）**で顧客に伝えるかである。

1999年、私はこの〝ものの伝え方〟の順番に、「**PASONA（パソナ）の法則**」という名をつけた。

Problem（問題）
Agitation（あぶりたて）
Solution（解決策）

Narrowing down（絞り込み）
Action（行動）

「PASONA」とは、これらの頭文字。

まず、「顧客の抱えている**問題**」を提示し、その問題をよりディテール細かく「**あぶりたてる**」。

そのうえで「**解決策**」＝自分が売ろうとしている商品・サービスの内容を語り、さらに必要性を煽（あお）るために「**絞り込み**」をして、最後に「**行動**」（商品・サービスの購入あるいは問合せ等）の方法を明示する。

この順番が、顧客が文章を読んで、購買意欲を持つ最適な順番だということに気づいたのである。

「5つの質問」と同様、「PASONAの法則」も理論からできたというよりも、実践から生まれたものだ。連日、広告やダイレクトメールを添削していたら、爆発的ヒットをする文章が現れ始めた。**ヒットした文章には共通点があり、それをパターン化**したわけだ。

私としては「パターン化したところで、まぁ個別商品や業界によって異なるからなぁ」と思って、「こういうパターンがありますよ」くらいな感じで、あまり期待せずにアドバイスしていたら……、**ドッカーン！**「顧客からの反応が激増した」という声が、次から次へと入り始めた。

「パターン化した公式」を渡すだけで、私が添削しなくても、売上が上がり始めたのだ。

これには、正直驚いた。

こんな単純な公式で、売上が上がるんだったら、いったいなぜ、ほとんどの会社は、これを知らないのだろうか？

よく調べてみると、実際にこのノウハウは、基本的には、問題↓解決といったセールスの世界ではよく知られるモデル。

その一般的なモデルは様々な本で書かれていたが、それだけではあまりにも簡略化されすぎており、実際には非常に使いづらかった。

そこで、私は、**実用上に問題がない「最小限の項目」に絞り、それを覚えやすく法則化**したのだ。

こうしたことも一般化されるうちに、通用しなくなるのが当然なのだが……。

しかし……、実は、これを開発してから17年たった今でも、この公式を知った顧客から感謝のレターが届く。

それだけ**時代に左右されない、不変**（**普遍**）**のノウハウ**なのである。

この「PASONAの法則」は、これまで書き下ろしとして**書籍化されたことは一度もない**。形だけマネしても効果が出るために、悪用されかねなかったからだ。

実際に、インターネット上を見ると、この法則が誤解して使われているケースも散見される。開発者の私としては、この状況はいたたまれない。

そこで今回、開発者自ら誤解を一掃し、時代の流れとともに改善することを目的に、初めて公開するのが、「**新・PASONAの法則**」だ。

Problem……**問題**

買い手が直面している**問題**、もしくは顧客が切望する**欲求を明確化**する。

Affinity……**親近感**

買い手と同じ痛みや、同じ望みを持っていることを、**ストーリーや五感**を通じて描写する。

Solution……**解決策**

問題が解決、もしくは**欲求が実現できる方法**があることを伝える。

Offer……**提案**

具体的な提案を行う。**サンプル、モニター、お試しや、価格、特典**を明示する。

図5 「新・PASONAの法則」とは

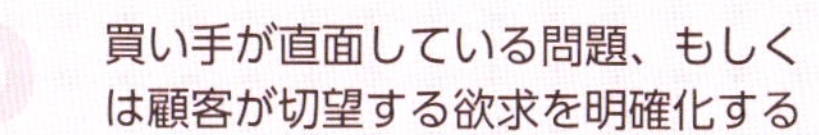

Problem 問題
買い手が直面している問題、もしくは顧客が切望する欲求を明確化する

Affinity 親近感
買い手と同じ痛みや、同じ望みを持っていることを、ストーリーや五感を通じて描写する

Solution 解決策
問題が解決、もしくは欲求が実現できる方法があることを伝える

Offer 提案
具体的な提案を行う。サンプル、モニター、お試しや、価格、特典を明示する

Narrowing down 絞り込み
提案を受け入れ、問題解決できる、もしくは欲求実現できる人が満たさなければならない条件を挙げる

Action 行動
緊急に行動しなければならない理由を挙げ、行動へのあと押しをする

Narrowing down……**絞り込み**

提案を受け入れ、問題解決できる、もしくは欲求実現できる人が満たさなければならない**条件**を挙げる。

Action……**行動**

緊急に行動しなければならない理由を挙げ、**行動へのあと押し**をする。

「旧・PASONAの法則」との変更点は、2番目のAが「Agitation」（あぶりたて）から**「Affinity」（親近感）**になったこと。

そして、Solution（解決策）とひとまとめにされていた「O」を、**Offer（提案）**として独立**（より重視）**させたことだ。

変更の理由は、明らか！

現在では、「あぶりたて」よりも着目すべき要素が、**「（顧客との）親近感」**だということ、そして**「提案」という要素も非常に重要**だ、ということだ。

この法則を使えるようになるには、6つの要素をひとつひとつ詳述するよりも、「習うより慣れろ」。さっそく、前章で取り上げたリンゴの例で、使ってみることにしよう。

実践！「新・PASONAの法則」

前章の「5つの質問」によって抽出された事項をまずは、まとめてみる。

【質問1】……「あなたの商品は、ズバリどんな商品か？ その特徴2つを、20秒以内で、直感的にわかるように説明すると？」への回答

「メダカが泳ぐ川近くの農園で、土と水にこだわる山田さんに育てられました」（34ページ

↓商品内容と**解決策を示す**「**S**」）

【質問2】……「この商品を20秒以内で説明しただけで、『なんとか売ってくれ』と頭を下

げて、嘆願してくるお客は、どのようなお客か？」への回答

「お子さんがぜんそくやアトピーで悩んでいて、リンゴがいいと医者から聞いたお母さん。ワックス、農薬などをできるだけ使わず、生産者がはっきりしているリンゴを食べさせたい人。子どもの健康を深く考え、家族の食習慣を整えたい人」（41ページ→顧客の抱えている**問題「P」**）

【質問3】……「いろいろ似たような会社がある中で、既存客は、なぜ自分の会社を選んだのか？　同じような商品を買えるような会社がいろいろある中で、なぜ既存客は、自分の会社から、この商品を買うことにしたのか？」への回答

「あの5つ星ホテルご指定のリンゴジュース、また国際パティシエ大会金賞受賞のアップルパイに使用されているリンゴは、私どもの農園のものです」（48ページ→**提案「O」**として使えるアピールポイント）

【質問4】……「いったい、お客は、どんな場面で、怒鳴りたくなるほどの怒りを感じているか？　どんなことに、夜も眠れないほどの悩み・不安を感じているか？　どんなことに、

自分を抑えきれないほどの欲求を持つか？ その『怒り・悩み・不安・欲求』をお客が感じる場面を、『五感』を使って描写すると？」への回答

「食に対して不安がある。農薬、除草剤、遺伝子組換え……。花粉症やアトピーが増えているのも心配だけれども、それ以上に心配なのは『食は記憶をつくる』ってことだ。

私にとってリンゴの記憶は、田舎から送られてくる、今はなつかしい、葉つきのリンゴだった。リンゴの木には鳥が集まったらしいが、母がリンゴの皮をむくと、兄弟みんなが鳥のように集まったっけな。安らかで、暖かい家族団らんの記憶だけれども、自分の子どもたちは、今、いったいどんな記憶を刻んでいるのだろうか？」（51ページ→顧客の立場に立つ材料となる**親近感**「**A**」）

【質問5】……「なぜこの商品は、その悩みを簡単に、短時間で解決できるのか？ それを聞いたとたん、お客はどんな疑いを持つか？ その猜疑心を吹き飛ばす“具体的・圧倒的な”証拠は？」への回答

「誕生日に贈って、母から感謝された」

「焼きリンゴ、アップルパイ、何にしても……家族に喜ばれます」

「今度、この農園のリンゴ狩りに行ってみたいよね……と家族旅行の話になりました」

などのお客様の声（56ページ→これらも**解決策「S」**として使える）

次にこれらを**「新・PASONAの法則」の順番**に並べ替えてみよう。

このとき、**「N」**（Narrowing down……絞り込み）**と最後の「A」**（Action……行動）**だけは、「5つの質問」から導き出すのではなく、それまでの要素を考えて工夫を施してみる。**

P　ワックス、農薬……安心できる、笑顔のある環境を維持するのが難しい。

A　子どものとき、田舎から送られてきた、なつかしい葉つきのリンゴ。

S　メダカが泳ぐ川近くの農園で、土と水にこだわる山田さんに育てられた、家族に喜ばれる（という声がある）リンゴ。

O 今回、初回ご注文いただきますと、あの5つ星ホテルがお出ししている無添加リンゴジュースをプレゼント。

N 例年、この時期になると、ホテル・レストランからの注文が重なるため、お届けできるお客様が限られます。

A 開けたとたん……箱の中から、リンゴ農園からの風が届きます。今すぐお申し込みください。

これを文章にしてみると……、次ページのような流れとなる。

魔法のリンゴ

家族を愛するリンゴ農園から、
家族を愛するあなたへの、一生の贈り物。

リンゴをほおばる子どもの笑顔。
思い描いただけで、心豊かになる光景ですよね。

でも残念なことに、今……、
子どもたちが夢中になるのは、おみやげにいただいた、
信州限定リンゴ味のチューインガムや、棒つきリンゴキャンディ。
自然本来の食物を大切に味わえる子どもたち。その一方で、
工場でつくられたジャンクフードしか知らない子どもたち。

彼らのカラダと健康は、思春期を迎えるときまでに、
どれほどの違いが生じてしまうのでしょうか。

→ここまで、問題「P」

この大きな違いをつくるのは、子どものときの
ほんのちょっとの、小さな出来事なのかもしれません。

あなたには、こんな思い出はありませんか？
子どものころ、田舎から送られてきた、箱いっぱいのリンゴ……。
箱を開けたとたんに、さわやかな香りがしてきました。
中には葉っぱがついたままの、まさに「採れたて」のものも！

→ここまで、親近感「A」

こんな自然本来のおいしさを、子ども時代に体験させてあげたい……

そんな想いで、ぜひあなたにおすすめしたいのが、長野県佐久高原、
土と水にこだわる専門家・山田晴夫さん一家が、丹精込めてつくったリンゴです。

→ここで、解決策「S」を提示

メダカが泳ぐほど澄んだ小川の近くの樹になった
豊かな土の栄養をぎっしりと詰め込んだ山田農園のリンゴは、
「魔法のリンゴ」と呼ばれています。芯まで蜜が詰まった実を切り分けると、
それぞれ勝手にしていた家族が、一斉に食卓に集まります。
そして一切れを口に含んだとたん、
昔ながらの美しい自然が、目の前にわぁっと広がり、
家族団らんが始まります。

→【質問1】から導き出された〝商品関連情報〟で、詳しく解決策「S」を描写

「誕生日に贈って、母から感謝された」
「焼きリンゴ、アップルパイ、何にしても……家族に喜ばれます」

「今度、この農園のリンゴ狩りに行ってみたいよねと、家族旅行の話になりました」など、お客様からも大変好評をいただいております。
あの5つ星、一流ホテルご指定のリンゴジュース、また国際パティシエ大会金賞受賞のアップルパイに使用されているリンゴは、山田農園のものなのです。

↓【質問5】から導き出された〝圧倒的な証拠〟で、解決策「S」を裏づける

ぜひ、この魔法のリンゴをご賞味ください。
一度食べたら忘れられない、究極のおいしさを
あなた、そしてご家族に、お届けします。

↓ここまで、解決策「S」

中学生までのお子さまがいらっしゃったら、お教えください。
この機会にリンゴ好きファミリーになっていただきたく、今回、初回ご注文いただきますと、ホテル特製・無添加リンゴジュース3本を特別にプレゼント。

↓ここまで、提案「O」

10月下旬が、最高の食べごろになります。ホテルやレストランへの出荷と重なるために、個人様向け販売は、限定500箱となります。数量が限られますので、

↓ここまで、絞り込み「N」

今すぐお申込みください。

↓ここまで、行動「A」

といった具合だ。

一般的に、リンゴを販売しているパンフレットと比較していただきたい。

リンゴを販売するための一般的な文章例

「国光（こっこう）」と「デリシャス」を交配し育成された品種で、1962年に品種登録されて以来、日本で最もたくさんつくられるようになったリンゴです。バランスのよい酸味と、シャリシャリとした食感が絶妙です。

さて、あなただったら、どちらに「**親近感**」を覚え、どちらの会社から買うだろうか？

売るための思考トレーニングである「5つの質問」や「新・PASONAの法則」を体験する前は、リンゴなんて、どう売ろうとしても、売り方に差が生じるはずはないと思っただろう。

しかし、考えを深めるにしたがって、自分自身の体験をベースとした、他社にはマネできない独自の売り方が見出される。

その結果、**何の変哲もない、ひとつのリンゴから、新しい世界が繰り広げられていく**のだ。

ぜひあなたも思考を深め、あなたならではの才能を活かした、新しい世界の構築にチャレンジしていただきたい。

あなた自身のセールスレターを書く際の3つのアドバイス

先ほどの文章例は、「新・PASONAの法則」の使い方を学んでいただくためにつくったもので、あくまでも演習の一環である。

そこで、この文章を参考にしながら、あなたの商品自体のセールスレターを書く場合のアドバイスを「**3つ**」しておこう。

ひとつ目のアドバイスとしては、「新・PASONAの法則」の順番に文章を並べるのは、まず学んでいただきたい基本形であり、慣れてきたら、順番を変えていただいても問題はないということだ。

顧客がまったくあなたのことを知らない場合には、やはり顧客の悩みを解消することがいちばん反応を引き出すので、問題(P)から入るのが順当なのだが、すでにあなたのことを知っている「お得意様」であれば、解決策(S)から入っても、絞り込み(N)から入っても、同じように売れる。

たとえば、

「祝！ 国際パティシエ大会金賞！」

とインパクトのある解決策（S）を提示し、その後、商品に興味を持つように、

「審査員がうなった、その理由をお話しします」

と続けてもいいだろう。

また、

「10月下旬が最高の食べごろ。ホテルへの出荷前に、あなた様のご家族分を確保しますので、今すぐご連絡ください」

というように絞り込み（N）と行動（A）から始めてもいい。

このように、**順番を変えることによって、あなたの文章はまったく異なる印象を顧客に与える**ことになるので、複数回、続けて顧客に同じ商品を販促する際には、「新・PASONAの法則」の要素の順番を変えてみることを試してみよう。

2つ目のアドバイスは、**解決策（S）の提示**についてだ。

顧客はあくまでも、自分の問題を解決するためか、自分の欲求を満たすために商品を買う。そこで、顧客の問題を解決する手段として、あなたの商品を案内するのだが、その際には、**顧客の視点**から、できるだけ魅力的に表現してみよう。

その表現は、【質問1：商品】と【質問2：顧客】、そして【質問4：共感】の答えを見比べながら、考えてみる必要がある。

なぜなら、【質問1】により導かれた、**商品説明**の切り口は、【質問2】で見出された**対象顧客**、そして【質問4】で深く理解した**顧客ニーズ**によって、変わってくる可能性があるからだ。

もし、ピンとくるような表現が思い浮かばなかったら、もう一度、「5つの質問」に戻り、答えを考え直してみよう。

そして3つ目のアドバイス——繰り返すが、この文章は、あくまでも演習の一環である。リンゴは「お悩み商品」というよりも、食、ファッションなどのように「欲求による衝動買い」をしがちな商品なので、実際に売る場合には、【質問4】から導き出される

「P：問題」については、記載しないほうがイメージ的にもいいだろう。

そこで、75ページにある、

「あなたには、こんな思い出はありませんか？」

を第一文とし、**その前までの言葉はすべてカット**することをおすすめする。

ただ大切なのは、顧客の痛みに対して想いをはせるプロセスを通して、あなたの商品が、**より大きな社会的問題の解決へとつながっている**ことに気づくことなのだ。

そうすることで、行間に、あなたの想いは宿り、あなたの想いに共感するすばらしい顧客たちが集まってくることになる。

「一過性の売上」を取るか、「生涯の顧客との関係」を取るかと考えた場合、「新・PASONAの法則」は、**後者を優先する思考プロセス**だ。

そして、あなたは、集まってきた顧客＝同志とともに、新しい世界をつくるというライフワークを始めることになる。

メッセージが伝わるメカニズム
──「ギャップ理論」とストーリーテリング

いったいなぜ、言葉がこの〝流れ〟を取り始めると、売上が上がるのか？顧客が商品の購入に至るプロセスを図式化すると、次ページのようなカーブで示すことができる。

縦軸は「**幸福度**」、横軸は「**時間**」だ。

人間の行動には、大前提がある。

それは、**現在と未来のギャップが大きく広がるほどに、そのギャップを埋めるために、人はアクション（行動）を起こす**、ということだ。

たとえば──

現在、自分は不満である。

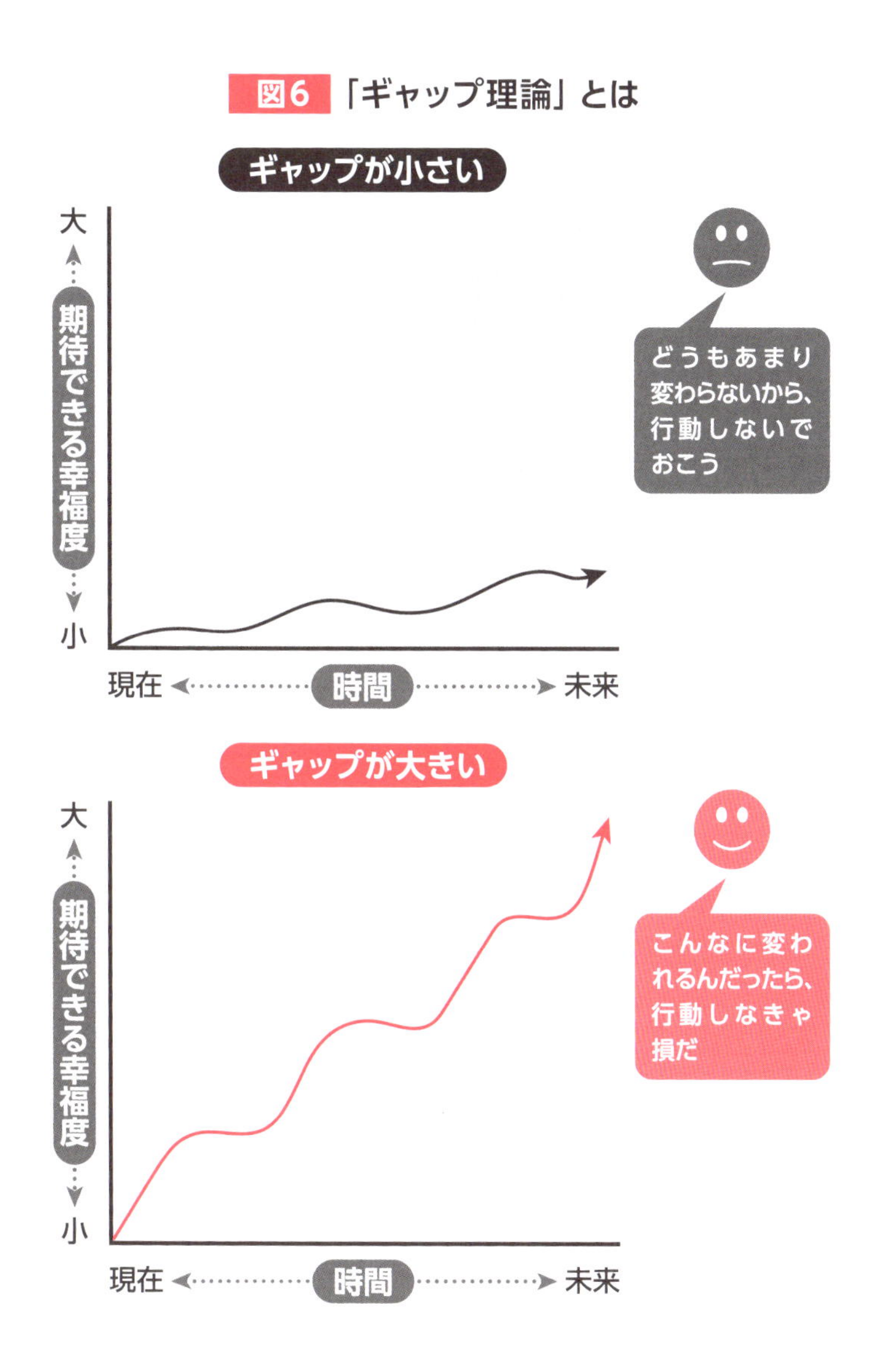
図6 「ギャップ理論」とは
ギャップが小さい
大
期待できる幸福度
小
現在
時間
未来
どうもあまり変わらないから、行動しないでおこう
ギャップが大きい
大
期待できる幸福度
小
現在
時間
未来
こんなに変われるんだったら、行動しなきゃ損だ

しかし、未来に、自分は満足になれると期待できる。

しかも、**その可能性が極めて高い**と知った。

そこで人は初めて行動を起こす。

もちろん、必ずしも現在が不満である必要はない。

現在、幸福だと感じている場合でも、未来に「もっともっと幸福になる」と期待できる場合には、それもギャップが大きいので、行動を起こすことになる。


また現在、極端に不満と感じている人が、**未来には元に戻れる**と期待できる場合も同じく、**ギャップが大きいので行動を取る**。


一方、ギャップが十分ではない場合、人は現状維持を続ける。

「ゆでガエル」といった表現があるように、変化に気づかず、結局、ゆであがるまで、お湯から飛び出すことができない。


だから、商品を説明するだけでは、顧客の心を動かすには不十分。「ギャップ」を見せられないからだ。

まずは、相手が置かれた状況を、**相手の立場でじっくり**考える。

そして相手が心の中で、困ったと感じている**「ギャップ」**を見つけ出し、明確な言葉で表現する。

そこで初めて相手は、自分の問題（もしくは欲求）に気づき、外からの声に耳を傾けられるようになる。

では、問題を認識した際に、〝真剣に耳を傾ける相手〟とは、誰か？

それは、**自分と同じような問題を経験し、乗り越えてきた人**である。

そして彼は、新しい世界への冒険へと誘う。

主人公は、はじめは日常から離れることを躊躇するけれども、自らの決断により、狭き門をくぐり、新しい世界を体験し始める……といった具合だ。

敏感な方は、すでに感じ取られたかと思うのだが、「新・PASONAの法則」は、このように**人が成長していく物語の形式とまったく同じ**なのだ。

つまり、売り手とは――、商品がもたらす新しい世界を体験していただくことによって、買い手がヒーローになるように、導いていくメンターの役割を担っているのである。

もちろん前に話したように、「新・PASONAの法則」は、あくまでも売上が劇的に上がった文章の背景に、このパターンを見つけたのであり、逆ではない。

しかし、物語の形式に沿うことで、売上が上がっていくのであれば、販売とは、決して「売り込み（セールスパーソン）」ではなく、**「語り部（ストーリーテラー）」の仕事**であることがわかるだろう。

物語は、慣れ親しんだ日常が崩れてしまい、ヒーローが小さな門をくぐって、新しい世界へ冒険に出る。

ひとつひとつの挑戦を体験するごとに力をつけたヒーローは、最後に自分自身に向かい合い、過去の思い込みの自分自身を打ち下して、再び元いた世界、しかし、新しく成長した世界に戻る。つまり、バラバラに分離した世界が、**再び統合**に向かってひとつになっていくというプロセスを表現したものだ。

論文を書くにあたっても、さらには国の方針を打ち出すにあたっても、さらには契約書の文案をつくるのにも、同じパターンで文章を展開することで、**読み手から応援**されるようになっていく。

つまり、本書で学んでいるのは、**分離しつつある世界を、言葉の力により再び統合へと向かわせる技術**だ。

商品を売りつけているように思えるかもしれないが、それは新しい世界を具現化した商品というカプセルに同時に閉じ込められた「言葉」と「イメージ」を解放していく、とても崇高な行為なのである。

PART 3

【貧す人】vs【稼ぐ人】売れる公式41

【貧す人】VS【稼ぐ人】の「一語」の違いで、なぜ結果がこうも変わるのか!?

「神田さん、いいものさえつくっていれば、いつか必ず結果が出ますよね？」

このような質問を、受けることがある。

私の答えは、イェース！　そのとおり。

本当にいいものは、時間がかかるかもしれないが、確かに広がっていく。

しかし、現実には——、売れない商品が多いのは、なぜだろう？

その理由は、「いいものを見せてください」と頼んでみると、一目瞭然。

出てきた商品に、あきれはてることが多い。「いいもの」とは売り手にとってはいいものであり、買い手にとっては、「残念な商品」以外のなにものでもないのだ。

にもかかわらず、「いいもの」と信じられるのは、売る努力をしていないからだ。

自分を高めようとしていなければ、ライバル商品も見えてこないし、顧客ニーズも聞こえてこない。鏡を見て、身だしなみを整える努力をせずに、自分は「いい男」「いい女」と思い込んでいるうぬぼれと変わらない。

私の観察によれば、いい商品に出合える会社は、売ることにも熱心だ。自分の商品の魅力を、どう顧客に伝えどう届けるかを、いつも真摯に考えている。しかも、いい商品に出合う前には、真剣に顧客の声に耳を傾け、自らの価値を探し求める経験を必ず積んでいる。

つまり、**いい商品に出合える会社**とは、「日々の、顧客への奉仕」を大切にしているからこそ、顧客ニーズを満たす商品を見分けることができ、「日々の、同僚とのチームワーク」を大切にしているからこそ、その商品を**いい顧客に届けられる会社**となる。

このように、社内外を大切にする思考と行動の循環の中で、価値あるビジネスはつくられているのであり、その流れは、普遍的な原理原則によって加速されている。

この原理原則と、そこから導かれる言葉の使い方を紹介するのが、**【貧す人】vs【稼ぐ人】売れる公式41**だ。

これらの法則は、決して思いつきで選ばれたものではなく、マーケッターとして私が**20年間で数万人の顧客との関わりから見出した成功パターン**に基づいている。

PART1、PART2では、すでに具体的な商品があり、その商品を売るための言葉の使い方を説明した。

本章では、売るための、表面的テクニックとしての言葉ではなく、**ビジネス創造の根本まで掘り下げ、真に稼ぐビジネスをつくりあげるための、言葉の使い方**を共有したい。

選ばれた「売れる公式41」の背景にある理論体系を図式化すると、次のようになる。

◉**核となるビジネスモデルをつくるステージ**（公式01～16）
◉**応援者を集めるメッセージをつくるステージ**（公式17～32）
◉**強力なリーダーシップを現すステージ**（公式33～41）

図7 ビジネスの加速的成長を実現する「マーケティング・ピラミッド」

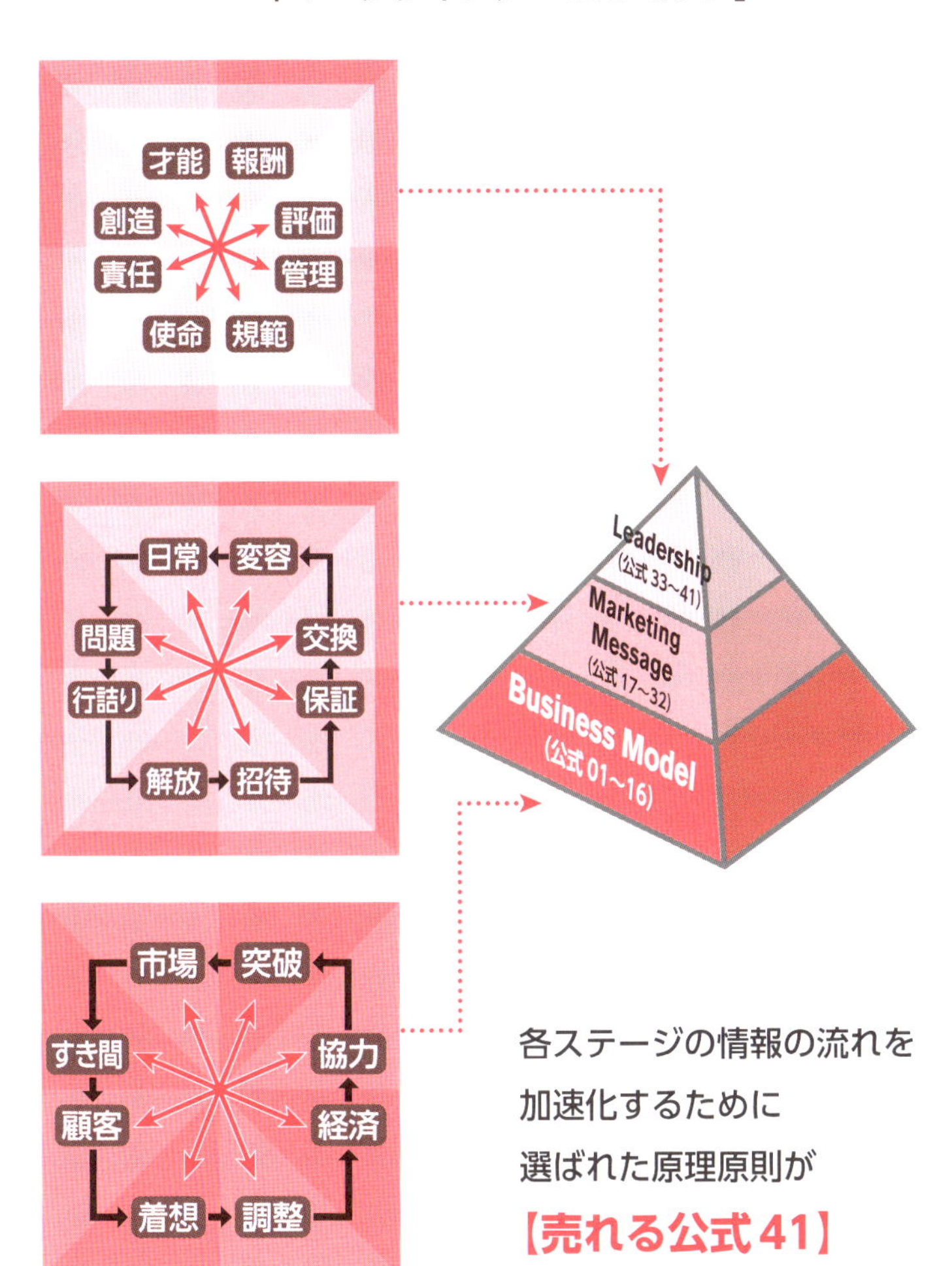

このように稼ぐビジネスをつくるステージを3つに分けて、それぞれのステージでの成長を加速させるための原理原則を抽出したものが、【売れる公式41】である。

私は、この理論体系を「**マーケティング・ピラミッド**」と呼んでいるが、説明し始めると、もう一冊、分厚い学術書を書かなければならない。

私としては、この体系を概要だけでも伝えたいと考え、実際に約30ページの原稿を執筆した。

しかし内容的に、どうしてもビジネス上級者向けになってしまい、「日常の仕事で気楽に使え、結果を出し始めるための本」という本書のコンセプトから離れてしまう。

そこで、「マーケティング・ピラミッド」については、今後の著書テーマとさせていただき、本書では、即、使えるエッセンスだけに絞って、お伝えすることにした（掲載できなかった原稿「マーケティング・ピラミッド」は、ご希望者にPDF原稿を差し上げます。URL〈http://www.almacreations.jp/b/paso〉よりダウンロードしてください。初版発刊後、1年以上経過した際には、提供を終了することがあるので、リンク切れの際にはご容赦を）。

特に今回は、すばやく理解が進むように、**【貧す人】vs【稼ぐ人】**の対となる見出しを用意した。


一語がもたらす意識の微妙な違いは、仕事の質に大きな影響を与える。

意識の違いは、行動の違いを生み、行動の違いは、仕事の質の違いを生む。


だから、使う言葉を変えるだけで、【貧す人】は、スムーズに【稼ぐ人】へと変わっていき始めるわけだ。


あなたが仕事上で困った問題に出くわしたときには、このPART3をパッと開いてみてほしい。【貧す人】の言葉を使っていないだろうか?

もしそうだと気づいたら、ほんのちょっと【稼ぐ人】の言葉に変えてみよう。

これまでとはまったく違う、同僚や顧客の反応に出くわし、驚くことだろう。

本章を実践することにより、あなたが発する言葉の力を、ぜひ実感していただきたい。

公式00

分離から統合への大法則

貧す人
私は、私。あなたは、あなた。

稼ぐ人
私は、あなた。あなたは、私。

言葉の選択・使い方によって、あなたのビジネスの成長が大きく加速する。

では、どのように言葉を変えていけばいいのか？

これからお話しする41の公式の、すべての基本になるので、「公式00」としてまず紹介したいのが、「**分離から統合への大法則**」である。

「統合」とは、顧客はあなたに深く共感し、あなたは顧客に深く共感している状態、つまり**「顧客＝あなた」という同盟関係**をつくることだ。

顧客は、あなたの会社に愛着を感じるので、優先的に購買することになる。

逆に会社と顧客が分離している状態、すなわち「私は、私。あなたは、あなた」というギブ・アンド・テイクの契約関係が透けて見えてしまうと、顧客は価格だけで判断し、ライバル他社と比較検討したあとでないと、なかなか買わない。

この微妙な差は、売上の大きな差となって返ってくる。

たとえば、学生服販売店が、中学入学を控えた家庭に向けて案内を出すとする。使われる文章として、反応率が高いのは次のAとBのうち、どちらだと思うだろうか？

A 「創立80年の神田商会は、地元のお客様のご愛顧により、毎年5人中3人の生徒様に制服をご愛用していただいております。」

B 「お母さん、お父さん、ご苦労様です。実は、私にも息子がおります。長男が中学に入学したときを、昨日のことのように思い出します。」

答えは後者。これは実際に案内されたダイレクトメールの第一文だけを抜き出したものだが、その違いは驚くほど。売上にしてみると、**3倍近くの差**が生じてしまった。

理由は明らかで、自分（自社）のことしか語っていない前者の文章に対し、後者は「**私にも……**」という表現で、**顧客とのつながりを表現**しているからである。


【貧す人】は、顧客との間に「壁」をつくる。

【稼ぐ人】は、顧客との間に「縁」をつくる。

言葉の力によって、バラバラであった人間を、つながりを取り戻した調和的な状態へと戻せるか。

これが、**稼ぐビジネスをつくる法則の根幹**である。

PART 3

【貧す人】vs【稼ぐ人】売れる公式41

【公式 01～16】核となるビジネスモデルをつくるステージ

公式01

成長カーブの法則

貧す人 現在に問題とすべきは、何？

稼ぐ人 未来に準備すべきは、何？

商品が売れなくなり始めると――多くの人は頭を抱えるが、実はそのときから、あなたの**成功物語**が始まる。なぜなら、市場に変化が求められるときだからで、あなたが変化をリードすれば、大きな業績を上げられるチャンスだからだ。

そのために役立つ知識が「**成長カーブの法則**」だ。成長カーブを知ると、数年後の市場変化が、手に取るようにわかるようになる。

成長カーブで覚えておいてほしいのは、このカーブは正規分布曲線に基づいてつくられているので、**「導入期」「成長期」、そして「成熟期」の期間は、ほぼ同じになる**ということだ。だから、**成長期が始まるまでの期間がわかれば、いつ成長期が終わり、成熟期が始まるかを予想できる。**

たとえば、コンビニの淹れたてコーヒーは、ミニストップなどが2009年に始めたが、その後、2011年1月に、全国店舗数第2位のローソンが参入した。このように、短期間で2～3社が同じ市場に参入したり、業界大手企業が参入したりするのは、成長期に入った合図だ。そこで計算してみると、導入期は2・5年間。成長期も同じ年数となるから、2014年半ばには「成熟期」が始まると予想できるわけだ。

重要なことは、売れなくなるときこそ、**次なる一手を打つチャンス**ということだ。実際に2014年、コーヒーでは差別化できなくなると新たに登場したのが、そう、セブン-イレブンの「コンビニドーナツ」である！　こうしてコンビニは、さらなる成長を描き出した。

成長カーブの知識がなければ、「昨年までは調子よかったのに、今年は全然売れないよ」と文句を言うしかない。

【稼ぐ人】なら……、**「来年には売れなくなるから、今のうちに準備しておこう」**と事前に対策を打っている。

未来への飛躍は、低成長のときに準備されるのである。

図8　成長カーブの法則

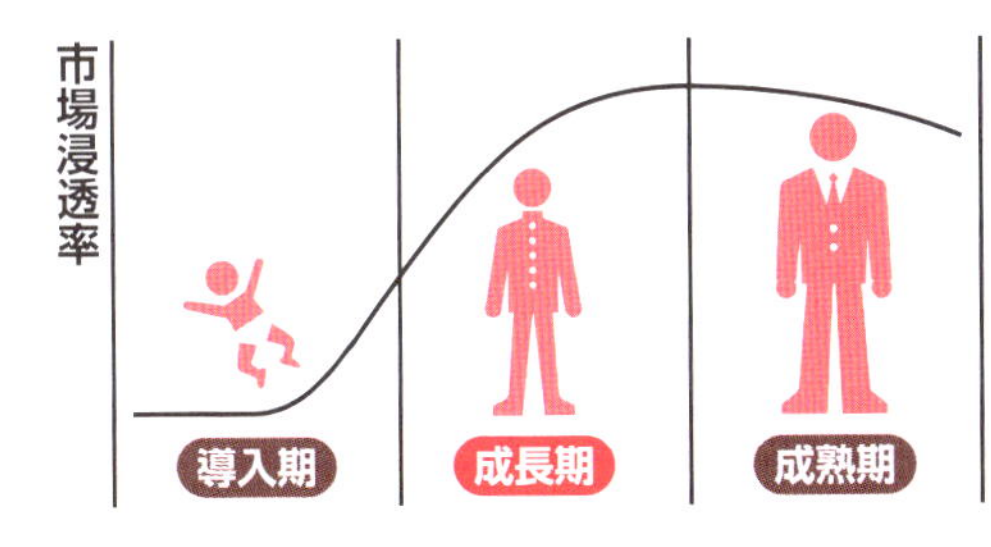

人間も事業も、同じカーブを描いて成長する

事業収益の 80～85%は、成長期で稼がれる。逆に言えば、7.5～10%しかそれぞれ導入期と成熟期では稼げない。

公式02

変化と勇気の法則

貧す人 こんなことは、あってはならない。

稼ぐ人 そうか！　これは面白くなってきた。

ある営業マネージャーの話だ。

彼は、一流企業の出世コースにいた。ところが、あるとき突然、降格させられた。売上が急激に落ち込んだために、いちばん目立って活躍していた彼が犠牲になったのだ。

彼が配属させられた部署は、会社の吹き溜まりのような場所。営業成績が悪い社員しか集まらない部門へと追いやられた。

エリート社員が、窓際に……。誰もが、会社を辞めると思った。

しかし彼は、**チャンス**と考えた。今まで上司のための根回しに使っていた時間を、出来の悪い部下たちへ費やした。ひとりひとりと真剣に関わった。そして業績の落ち込んだ部門を成長させていくという、自分自身のマネジメント力を磨いた。

結果、どうなったか？　商品変わらず、価格変わらず、サービス変わらず、と会社からは何もサポートが受けられないにもかかわらず、**彼の部署の売上は今までの3倍**へ躍進した。彼は、過去にこだわらず、変化を受け入れ、どんな環境であれ、今いる場所で、自分の才能を提供することに努めた。

その結果、今までの自分の枠を越え、飛躍し続ける力を発揮したのである。

【貧す人】は、残念ながら、変化を受け入れることができない。

「ボーナスが下がった。こんなことは、あってはならない」

「新しい上司は、私の能力がわからない。こんな上司は必ずダメになる」

「ライバル商品の品質は、最低だ。よくあんなものが売れるな」等々。そんな文句ばかりが口から出る。

一方、**【稼ぐ人】**は、文句を言わずに、変化に立ち向かう。

どんな境遇であれ、目の前の状況で、自分の才能を活かすための方法を考え、そのための一歩を踏むことに集中する。

「変化の先にある、大きなチャンスは何か？」と行動を通して考える。結果は、何よりも雄弁にあなたの実力を語ることを知っているからだ。

「沈黙は金なり」と言うが、口を閉ざしているだけでは、金にならない。**口を閉ざして、成果を挙げる覚悟**があってこそ、チャンスを引き寄せ、金を生むのである。

公式03 ビジネス断捨離の法則

貧す人 なんでも、やっています。

稼ぐ人 それは、やっていません。

会社の強みを凝縮した、ひとつの商品を見出したときに、あなたは大きく飛躍する！

そう断言してもいいほど、このアドバイスは重要だ。

多くの会社は、あまりにも事業数、商品数が多い。この複雑性は弱みではなく、実は、あなたの**会社の強み**である。なぜなら、何も考えなしに仕事してきたわけではなく、顧客の要望に最大限答えてきた結果であるからだ。逆に考えるならば、あなたの会社には、今まで顧客を満足させてきた、すぐれたビジネスの種がたくさんあるということだ。それを会社の未来を支える屋台骨へと仕立て上げられたとき、会社は一気に飛躍する。

「どれだけよいアイデア（good ideas）を殺せる（kill）かが勝負だ」と、スティーブ・ジョブズは言ったという。

この哲学は、今も引き継がれていて、時価総額世界トップのアップル社は、あまりにも商品ラインが狭い。製品ラインアップは、iMac、MacBook、iPod、iPhone、iPad、iTunes、Apple Watchと数えるほど。一度追放されたジョブズが1997年にアップル社に戻ったときに行ったことは、60種類あったPCを、1機種3モデルに絞り込んだこと（『ダイヤモンドオンライン』2011年10月18日『特別講 スティーブ・ジョブズは、本当は何に優れていたのか』三谷宏治［K.I.T.虎ノ門大学院主任教授］記事より引用）。

2015年に発売されたApple Watchは、何もまったく新しいものを開発したわけではない。**今まであった技術とサービスを、未来に見合うように新しいパッケージでまとめ直したもの**だ。

シリコンバレーを拠点に、クラウド会議室を提供するChatWork株式会社（山本敏行社長）には当初、ITコンサルティングをはじめ様々な事業があった。それを「チャットワーク」というアプリに絞り込んだあと、一気に世界展開を開始。現在では全世界183か国・8万4000社以上にサービスを提供する。【貧す人】の会社は、過去からの遺産をもとに食いつなぐだけだが、【稼ぐ人】の会社は、**過去からの遺産を未来に似合う事業の柱へと結晶させる**のだ。それだけの宝が、あなたの目の前の複雑さの中にある。

あなたの様々な商品を、ひとつの商品でパッケージし直そう！

公式04 2つの山の法則

貧す人 ターゲットは、"これ"。

稼ぐ人 ターゲットは、"これ"と"あれ"。

価格競争で一時的に、勝者となる場合もある。しかし、低価格により利益が薄い中で会社を成長させ続けることは、天才経営者でもいない限りとても困難だ。

そこで価格競争が始まったとたんに、【稼ぐ人】は、価格競争をする必要のない分野を新たに見出すよう努力し始める。実は、競争が激化する成長期の後半は、市場が拡大しているので、多様な顧客ニーズが生じているから、**自社の強みが求められるすき間（ニッチ）市場を簡単に見つけられる。**

そこで【稼ぐ人】は、**市場に2つの山がないか**と、観察する。

山とは、もちろん顧客ターゲット層のことだ。2つの顧客ターゲット層が視界に入ったとき、あなたのビジネスには、想像を超える広大な裾野があったことに気づくことになる。

たとえば、住宅販売の場合、ターゲット客は、30代後半～40代前半、初めて住宅を買う団塊ジュニア層であると、多くの営業マンは答える。しかし、よく目を凝らしてデータを見ると、定年退職した60代が住宅展示場に足を運んでいる。孫たちと近くに住むために、土地ごと2区画分取得して、2世帯ごと引っ越すというニーズが生じてきたからだ。このニーズをとらえられた会社は、**「売る努力は同じでも、売上は2倍」**という新しいビジネスモデルの突破口を開くことになる。

飲食業界にも、新しい山が現れた。今まで日本人相手だったのに、東京オリンピックに向けて、一気に観光客が増えた。日本滞在中に彼らをファンにできれば、観光客が帰っていくすべての国が、自社の海外展開の、次なる有望市場になっていく。

もうひとつ例を挙げれば、美容室。最近では、学習塾の近くに、美容室を開店するところも出てきた。理由は、子育て世代のお母さんが、近くに子どもを預けながら、美容室に行ける時間を確保できるからである。**「母」と「子ども」の2つの山の裾野**を押さえると、事業の寿命は、一気に伸びる。

【**貧す人**】は、ひとつしか、顧客ターゲット層を挙げられない。その山は、成熟期になると消えていってしまう。一方、【**稼ぐ人**】は、顧客リストという光景の中に、**「新しい山は、ないか？」**と常に問いかけている。そして、その山を見つけたとたん、今までの顧客に提供してきた価値を、新しい顧客に提供することに、夢中になるのである。

公式05 声富（せいふ）の法則

貧す人　予算をどれだけ確保するか？

稼ぐ人　利益をどれだけ確保するか？

会社を大きく発展させるうえで、絶対に失敗しない、確実な方法がある。

それは大ヒット商品を開発したいときでも、新しいビジネスモデルを見出したいときでも、大口の顧客と出会いたいときにでも、どんなときでも必ず効果を発揮する。

その方法とは、**顧客の声に耳を傾ける**ことだ。顧客の声は、売上を上げるアイデアの宝庫だから、私は「**声富（せいふ）の法則**」と呼んでいる。

それでは、声を富に変える方法をお教えしよう。まずは、顧客リストを眺める。エクセルやパワーポイントにまとめられた分析レポートを見るのもいいけれど、リアルに顧客の名前、住所が書かれているファイルを見ると、顧客のひとりひとりが**データとしてではなく、顔を持った人間**であることが感じられる。

いったいどの地域に住んでいる人が多いのか？　マンション住まいなのか、一戸建てなのか？ 若い人が多いのか、年配の人が多いのか？ どんな商品を買っていて、どんな商品を買っていないのか？ さらには購入履歴を見れば、どんな商品を買ったあとに、どんな商品を買う人が多いのか？ こうした驚くほどの情報が、たった20分、顧客リストを眺めるだけで得られる。その後、顧客をより深く理解するように努める。

具体的な作業例としては、アンケートを取ることだ。気になる声を取り上げ議論する。長年のお客様にアフターサービスを提供しながら、商品の使用状況を深く尋ねる。クレームを一時的に解消するのではなく、その**背景にある問題をあぶり出す**。今までの顧客層と異なる人を会食に招待するなど、顧客との接触を増やし、**その声を社内に拡散**していく。

このように、顧客の顔が想像でき始めると、顧客に喜んでいただくための、新しい提案がいくつも浮かんでくる。おすすめ商品を提案する（クロスセール）、より高付加価値の商品を提案する（アップセール）、より廉価版の商品を提案する（ダウンセール）といった基本的なことをやるだけでも、想像以上の収益を得られる。その結果、会社が新しい挑戦をするための、潤沢な原資を確保することができるようになる。【貧す人】は「予算をどれだけ確保できますか？」と会社に尋ねるが、【稼ぐ人】は**「利益をどれだけ確保できるだろうか？」**と自分に尋ねる。そして、その利益を生み出す、顧客へのさらなる奉仕を企画・実行する。事業の新しい飛躍を支えてくれるのは、**いつも顧客**なのである。

公式06

100万人動員の法則

貧す人 想定外は、無視しよう。

稼ぐ人 想定外を、重視しよう。

自分が想定しようもなかったお客様が、突然、現れた……！

そんなとき、【稼ぐ人】は、想定外の顧客に、目を光らせる。なぜなら、その人物は、新しいマーケットという幸福をもたらすキーパーソンであることが多いからだ。

『折り梅』（松井久子監督・2001年）という映画をご存じだろうか。アルツハイマー型痴呆症を発症した母親をめぐる、家族の葛藤のストーリーだ。

この映画、地味なテーマのせいもあり、実は映画関係者を集めた試写会では、観客の反応はあまりよくなかったという。

ところが、その試写会に、場違いな一般の主婦がいた。自身もアルツハイマーの身内を抱え、介護で悩んでいたという。映画が終わり、映画関係者が帰ろうと席を立ったとき、この主婦は涙を流しながら、訴えた。「こんなすばらしい映画は観たことがない」と。

この主婦の反応がきっかけとなり、『折り梅』は全国配給が決定。その後、口コミで観客を集め続けて、100万人を動員するに至った。

お客様の中の**想定外のひとりが、ムーブメントをつくるきっかけ**となる……。これはビジネスではよくあることだ。

私が、記憶と情報整理のためのノート術「マインドマップ」の日本での普及に携わったときもそうだった。当初、英国大使館と組んで、マインドマップ開発者のトニー・ブザン氏の来日レセプションを企画した。招待者は、教育に熱心な上場企業経営者100人だったのだが、ダイレクトメールの案内に反応してきた中には、育児中の派遣社員がいた。ダイレクトメールを捨てようと思って目を通していたら感動し、これはぜひ社長に渡さなければならないと奔走し、さらに自分も参加させてくれ、と言ってきたのだ。

日本の子どもたちにマインドマップを使ってもらいたいという私の想いは、間違っていないと直感した。事実、その後、マインドマップは小学校から大学まで、多くの教師の方々にサポートされ、大きな拡がりを見せることとなる。

「異質なものは、ないか?」「普段ここにいない人は、いないか?」

想定外のものや顧客が現れたときこそ、【稼ぐ人】は、そこに目を向けるのだ。

公式07 ピロークエスチョンの法則

貧す人 正しい**答え**は、何？

稼ぐ人 正しい**問い**は、何？

自分がワクワクするようなアイデアを思いつき、それを仕事で実行する。そして結果が出たとき、あなたは、どう感じるだろうか？

そう、「やった〜！」と心の中で、ガッツポーズを取るだろう。

自分で思い描いたアイデアを実行するのは、最上の喜びだ。

明確なアイデアを手にすると、それは未来から送られてきた強力な磁石のように、自分を突き動かしていく。今まで「こんなの、お金にならない」「自分の力を活かせない」と不安を抱え、愚痴っていたのが、ウソのように消える。

なぜなら、**仕事で他者貢献しながら自己実現できることは、最高の報酬**だからである。

「神田さん、それはわかるんですが、私には夢中になって取り組めるものが見つからないんです……」

そこで、あなたに試していただきたいのが、**寝ている間に答えがもたらせられる質問法「ピロークエスチョン」**だ。やり方は、簡単。答えを知る必要はまったくない。都合のいい質問を用意するだけでいい。

たとえば、**「今の会社で、私の才能が開花され、夢中になってできる仕事は何か？」**と自分に問いかけ、明朝までに答えが得られると暗示をかけて眠る。すると、翌朝には、本当にアイデアが思いつくことが多い。

さらには、夢を覚えておくといい。夢は一見、関係ないと思えるが、**「夢から連想できる、今すぐ役立つ取り組みは何か？」**と考えていくと、ふっと実行可能なアイデアが思いつくことに驚くはずだ。

【稼ぐ人】は、夢中になれる仕事を探すのではなく、**寝ているときの夢を使って、目の前の仕事を夢中になってやる方法**を見つけるのだ。

実は、この本の「はじめに」も、ピロークエスチョンでアイデアを出したもの。「読者を一気に、読みたくさせる第一文は何か？」という都合のいい質問を、寝る前にしたのだ。そうしたら、「**ぶっとばす**」という言葉が、朝、突然、頭の中で鳴り響き起こされた。

正解を見つけようとするのは難しい。しかし都合のいい質問をするのは、簡単。やるかやらないかだけで、仕事の進み方に大きな違いが生まれるのだ。

公式08

アラジンと魔法のランプの法則

貧す人 成功した事例は、あるか？

稼ぐ人 成功イメージは、あるか？

今や富は、努力して稼ぐものではない。**歓喜しながら湧かせる**ものといったほうが現実に近い。理由は、クラウドファンディング（ネット上で、不特定多数の志により資金を集める方法）を使えば、全世界から資金と顧客を集められるようになったからだ。

すごいクラウドファンディングのプロジェクトに、英国Rawlemon社のソーラー充電システムがある。この会社は、デザイン性の高いガラス球が太陽や月を追尾することで、従来の追跡システムより効率を35％高めることに成功。何億円もの資金をネット上で調達し始めている。これほどの規模でなくても、充電機能をつけたキャリーバッグや、靴ひもがいらなくなる道具など、ちょっとしたアイデアでも1000万円を超える資金が集まる。

では、すぐれたアイデアはどうすれば、得られるのか？

【貧す人】は、面白いアイデアはないかと、過去を探索する。しかし【稼ぐ人】は「**理想**

の未来には、何があるか?」と、未来を探索する。その際、言葉より先にイメージを考えることで、思い込みによる思考を回避し、革新的な発想をいくらでもできるようになる。

このイメージを使った思考法は、ウィン・ウェンガー博士（参考書籍『頭脳の果て』ウィン・ウェンガー＋リチャード・ポー著）により、「ジーニアスコード」というメソッドとして体系化されているので、その具体的方法をひとつ紹介しよう。

「クラウドファンディングに最適な、新しい戦略商品は何か?」という質問に対する解答がほしいとしよう。まずは軽く目を閉じ、あなたがとても満たされている未来から、プレゼントが届けられたと想像する。そして「1・2・3」と数えたら、頭の中の想像の箱を開く。飛び出してきたイメージを、目を開いてから描きとめる。

このイメージが未来からの解答だ。箱の中から、「鶴」と「亀」が出てきたとすれば、そこから連想を広げていく。質問とはまったく関係ないと思っても、ブレーンストーミングを行っていると、だんだん得たい答えに関連するアイデアが浮かび上がってくる。「海でも空でも使える、耐久性がある商品はできないか?」「亀の甲羅のように収納できる箱を、ツルツルした素材でつくれないか?」といった具合だ。

このように、イメージによる発想法を使いこなせるようになると、富は必要なときに、いつでもつくり出せるようになる。そう、『アラジンと魔法のランプ』のように。

公式09 勝手に許可の法則

貧す人 なぜ会社は、許可しないのか？

稼ぐ人 なぜ自分は、許可しないのか？

顧客の声に深く耳を傾けていたら、新しいアイデアを思いついた。「実現したらすごいのに、なんで誰もやらないんだろう？」と、あなたは疑問に思うかもしれない。けれど、その誰かとは、アイデア実現にすでにワクワクしている人、すなわち、「あなた」なのである。だから躊躇せず、手を挙げ、実現を推進する側に回ろう。

とても大事なことは、**できるだけ早く、小さな形にしてみせる**ことである。

大里綜合管理株式会社（千葉県大網白里市）というすごい不動産会社があるが、ここでは280を超える地域貢献プロジェクトを実行している。たとえば、渋滞しがちな道路の交通整理、街灯のまわりの植栽、クリスマス時期の駅前イルミネーション設置など。社員ひとりひとりが、地域のためにできることを気づいたら、それを即、実行している。

2015年11月に、『カンブリア宮殿』（テレビ東京系）でも特集された。

同社の野老真理子社長によれば、実行していくうえで重要なポイントは、**許可を求めずに、小さく始める**ことであるという。たとえば、「街路灯のまわりに花を植えていいですか?」と行政に許可を取ろうとすると、まず許可は下りない。しかし地域住民のためになると考えたら、許可を求めずに実行する。

すると、どうなるか? 「誰が、こんなところに花を植えたんだ」と、取り除かれることもある。普通だったらあきらめてしまうが、この会社は「また植えればいいじゃない」と考え、再び植えにいく。そして再度、花が取り除かれてしまうと、今度は地域住民から「せっかくキレイだったのに……」と、逆に文句が出るようになってくる。結果として、花を植えることは既成事実として、まわりに応援されるようになるという。

これは地域貢献プロジェクトだけに限らない。会社でも、同じだ。

「ラフのチラシを書いてみたのですが……」「簡単な紹介映像をつくってみたのですが……」「簡単な試作品を組み立てたのですが……」と、アイデアをさっそく、形にしてみせる。そして、それをまわりに見せたりしながら、フィードバックをすばやく得て改善していく。

【貧す人】は、まわりに許可を求めるが、**【稼ぐ人】**は、許可を得なくても自分でできる範囲で、小さな形にしてみせるのだ。**何も動かないことで失われるのは、経験だけではなく、あなたの純粋さ**である。

公式10 桃太郎の法則

貧す人 どう言っても、あの人には伝わるはずがない。

稼ぐ人 こう言えば、あの人はまわりに伝えてくれる。

あなたのアイデアが大きく実現していくためには、まわりに集まる多様な人々が協力しやすくなるように、小さく実践しながら、アイデアを調整・改善していくことだ。

【貧す人】は、思いつきを自分視点で伝える。そして「どうせ、わかってもらえない」と文句を言うばかり。一方、【稼ぐ人】は、組織では異なる役割を担った人たちが、異なる視点で日々業務に集中していることを知っている。相手視点で伝えることを学び、相手の関心事項に応えられるプロジェクトへと育てるのである。

そのためには、昔話「桃太郎」に出てくるキャラクターに話しかけるように言葉を選ぶといい。桃太郎と会社とは、何も関係ないように思えるだろう。しかし、会社で働く同僚を、桃太郎のキャラクター、すなわち「桃太郎」「イヌ」「サル」「キジ」の4者に分けて考えると、誰にとっても伝わりやすいメッセージを発信できるようになる。

「桃太郎」とは、リーダー＝起業家・経営者。「イヌ」は、桃太郎をサポートする実務者。「サル」は、ルールを決めるのが得意な管理者。そして「キジ」は、人間関係が得意な調整役だ。これら4者＝4方向それぞれに適した言葉を使い分けていくのだ。

「社長（桃太郎）」には、目的＝WHYを伝える。**「なぜ、そのアイデアを実行する必要があるのか？」**がわからなければ、起業家は動かない。

「実務者（イヌ）」には、具体的な内容＝WHATを伝える。**「具体的に何をやるのか？　スケジュールは？」**という、実務的な話だ。

「管理者（サル）」には、やり方＝HOWを伝える。**「どんな作業が発生し、予算はどれくらいかかるか？」**が、管理者の知りたい情報だ。

そして「統合者（キジ）」には、人＝WHOを伝える。**「誰がやるのか？　どんな配置にするか？」**といった人間関係の問題だ。

このように、相手のタイプによって、有効な説得の言葉は違ってくる。「桃太郎さん、私に吉備（きび）団子をくださいな」というのは、人間関係の機微（きび）をわかったものには、みんなついていくということだ。あなたのアイデアは、異なる立場の人たちに理解されるごとに熱を帯び、現実味を増してくる。これはアイデアに命を吹き込む作業で、**アイデアを思いついた人に優先的に与えられる特権**なのだ。

公式11

粗利8割の法則

貧す人 みんなのために、**赤字**でも頑張っているんです。

稼ぐ人 みんなのために、**黒字**にするよう頑張るんです。

プロジェクトを成功させるためには、利益を生み出す必要がある。「お金のために、やっているわけじゃない」とお金を卑しいものと考えたり、「私たちも、赤字で頑張っているんです」と赤字を自慢したりする人もいるけれど、これでは【貧す人】に一直線。

お金とは、事業を成り立たせるための血液だ。だから「お金のために、仕事しているわけじゃない」とは、「血液のために、生きているわけじゃない」と言うようなもので、言うまでもなく、当然のことである。

大切なのは、どうすれば健康な血液（お金）を身体（事業）にめぐらせられるかということである。そのために必要なのが、「**粗利8割の法則**」である。今や粗利が8割ない商品を扱うのは、よほど潤沢な資金がないと難しい。

なぜなら、現在、ひとりの顧客を見つけるための費用（顧客獲得コスト）は、安くてもひとり当たり5000円程度。普通は1万～2万円以上はかかる。どんなにインターネットが発達して顧客に出会いやすくなったとはいえ、これくらいはかかるのだ。

化粧品や健康食品のようなリピート性の高い商品でも、半年たたなければ、当初の広告宣伝費用を回収できないわけだ。そこで回収期間を短くするためには、なるべく最初から粗利が高く設定できる商品・サービス、粗利8割以上のものを売らなければならない。

とにかく持ち出したお金よりも、入ってくるお金が多くなること。100円でもいいから、とにかく利益を上げること。どう粗利を確保していくかは、すべてのビジネスパーソンが養わなければならない、極めて重要な事業センスだ。

「神田さん、粗利8割なんて、そんなうまい商品はありません……」と言うかもしれないけれど、【稼ぐ人】は、**「粗利8割にするには、どうすればいいか？」**と考え、商品・サービスが顧客に提供する価値を、できるだけ引き上げてから売るようにする。

その方法は、意外に簡単だ。単品で商品を販売するのではなく、**関連商品を含めたパッケージ商品**にする。コンサルティングやカウンセリング・サービスを販売する。チケット制にする。会員制にする。定期購入プランをおすすめする。安心保証をつけて、保険収入で利益を出すなど。

考える努力を惜しまず、目標だけでも、とにかく粗利8割を目指してほしい。

公式12 商品価値より体験価値の法則

貧す人 **稼げる商品はない？**

稼ぐ人 **驚ける体験はない？**

これから【稼ぐ人】が、検討・提案しなければならないのは、**継続収入**をもたらすビジネスだ。

具体的には、毎月使用料をいただけるアプリやゲーム、定期的に商品を届ける定期宅配や定期購読、特別なサービスを提供するためのプレミアム会費、定期メンテナンス契約、クレジット機能つきカード、保険サービスなど。

一度、顧客を獲得してしまえば、継続的に売上が上がるような商品を提供しなければ、なかなか安定したビジネスを築くのは、難しい時代になった。

理由は、簡単。あまりにも変化のスピードが速いからだ。

今までは顧客を育てるという概念があった。あなたの会社の商品に興味がある見込客が広告で資料を請求。その後、じっくりと検討して、商品を購入。売り手と買い手が商品を通じて、きちんとコミュニケーションしながら、長いおつき合いをするお得意様へと発展していくことで、ビジネスは安定した。

しかし、現在は、育てている間に、見込客は他社の広告をクリックし、いくつものサンプル品を同時に体験。今使っている商品が、いったい、どこから取り寄せたのかわからなくなるほど、情報と商品はあふれている。

今までは、新規客を獲得するためのコストは、既存客からリピート購入していただくためのコストの6倍ほどという目安があったが、実際にクライアント先で計測してみたところ、そのコストは逆転。現在取引していない顧客（流出客）に再び戻っていただくコストは、新たに広告して獲得できる**新規客のコストの2・5倍ほど**にもなった。

あまりにも情報量が多いので、顧客の記憶に残る会社は、ほんの一握り。そのためには、**顧客と接触するはじめのタイミングから最高の驚き**を提供し、そのタイミングで継続して利用いただけるサービスにご契約いただかなければならない。

【貧す人】は、「何か儲かるビジネスはない？」「何か稼げる商品はない？」と儲かるものを探す。**【稼ぐ人】**は、**「顧客に提供できる、最高の体験は何？」**と考える。

その答えを見出したとき、ビジネスは単発から**継続的な関係性**へとシフトするのだ。

公式13 6人の法則

貧す人 少ないお客さんに消沈する

稼ぐ人 少ないお客さんに感謝する

「神田さん、新規プロジェクト説明会の集客が苦戦しています。現在6名なので、なんとかあと20人は集めたいのですが……」。そのように眉間にシワを寄せた辛そうな顔で相談されることがある。このように、【貧す人】は予定数が集まらないと、数だけを見て「失敗した」と落ち込み、その後、もがき続けてしまう。

もちろん、PART1〜2で学んだように、相手に届く文章にすることによって、必要な人が集まってくるように工夫できるが、もし文章が深く考えられているにもかかわらず、予定数が集まっていないなら、【稼ぐ人】は別の可能性を考える。

たとえば、説明会後、アフターフォローの体制が十分に築けていなければ、実際には顧客が集まれば集まるほど、問題を大きくすることになる。そこで今回の目的は、**顧客にとことん満足してもらい、今後の発展のために顧客の声を集めること**と考え直せば、実はすでに最適な6名が集まっている可能性がある。

または、集客難はあくまで表面的な現象であり、もっと深い問題は、社内の部門間が協力し合う体制をつくることだ、と気づけば、集客が足りていないという危機は、あなたが**リーダーシップを発揮する最高の機会**になる。

つまり期待と異なる状況が生じたときに「失敗」と考えるのではなく、すぐれたビジネスモデルを築くために、**まだ十分ではない課題に取り組む機会**であるととらえ直すと、不思議なことにうまくいくことが多い。つまり失敗体験が、大成功へ向かうための最適な準備ということもあるのだ。

あなたの呼びかけに6人が応えれば、価値あるプロジェクトが始まったと、私は考える。なぜなら経営者の話を聞くと、会社を立ち上げた当初の顧客数は、だいたい6人ということが多いからだ。そこで6人は今後のコアになる協力者であり、6人いれば、役者はそろったのだ。その6人と徹底的に関わり、彼らのニーズを押さえれば、6人を60人に、そして60人を一気に600人にしていくことは十分可能だ。

集客数が足りないと嘆くのではなく、顧客名簿を見ながら、申込みいただいたことに感謝しつつ、**「彼らに最高の場を提供するためには、何が必要か？」**と考えてみる。それが集客のみならず、ビジネスモデルをつくりあげるための、大きなヒントとなる。

公式14 共育・共感・共動の法則

貧す人 どうすれば自分の実績を挙げられるか？

稼ぐ人 どうすれば最高の交流を設計（デザイン）できるか？

多くのビジネスパーソンは、ビジネスモデルと聞くと、キレイにまとめられた企画書を思い浮かべるかもしれない。顧客、商品、チャネル、収益と費用などを整理して、歯車のようにかみ合わせることで、キャッシュを生み出していくという概念だ。

そのようなモデルは、すでにできあがったビジネスを理解したり、アイデアを整理したりする概念図としてはすばらしいが、企画書どおりに、ビジネスがつくりあげられることは、極めて稀だ。なぜなら、**ビジネスモデルとは、そこに関わる人々の経験を積みあげるプロセスがあって初めて血が通い、動き出す**ものだからだ。

では、モデルに血を通わせるための肝は、何か？

ズバリそれは、**社外（顧客）と社内（同僚）との情報伝達・交流**だ。

たとえば、あなたが顧客からの不満を、社内に伝えたとしよう。すると社内では緊張感が走り、その解消に向かって協力し始める。当然、顧客からの要求を満たすためには、社内で意見の衝突があるが、それを乗り越えたとき、予想外のブレイクスルーを体験することになる。

一方、顧客は、社員が障害を乗り越えて、事業が育っていく様に触れ、感動する。そして会社の成長を、自分の人生に重ね合わせ、応援するようになっていく。つまり、社内が協力に向かうプロセスがあるからこそ、あなたは顧客に対して説得力のあるウソのない言葉がつむげるようになり、予想以上の売上を上げられるようになる。

【貧す人】は、自分の意見を強制し、反発され、硬直する。そして、ひとりだけで経験を積み、履歴書に表面的な実績を作文して、転職していく。一方、【稼ぐ人】は、**共育し（ともに育って）、共感され、共動する（ともに動く）**。その結果、ビジネスモデルに血を通わせ始める。具体的には、部署を越えたプロジェクトチームをあえてつくり、短時間でもいいからコミュニケーションを取る。**「ご意見を伺いたいのですが……」「ご相談してもよろしいでしょうか？」**と、多くの社員や顧客から意見を聞き、その意見を尊重する。そうして「自分が関わっている」「自分の功績や学びになる」と思える人を増やしていく。社内が動かないのではなく、**社内を動かすプロセスを体験するからこそ、その後、顧客を動かせる**ようになるのである。

公式15

建設的アキラメの法則

貧す人 現実的に考えれば、ここが落とし所になる。

稼ぐ人 未来から振り返れば、ここが突破口になる。

プロジェクトは、一直線には成功しない。にもかかわらず、ほとんどの場合、予定どおりにプロジェクトが進んでいかないと、失敗とみなされてしまう。

たとえば、「この仕事は、この期日まで」と、エクセルの工程表で管理されていたとしよう。もちろん、あなたは定められた日までに仕事を仕上げようと努力するが、現在の多くの仕事では、工程表どおりに進むことは滅多にない。

一直線にプロジェクトが進んでいくのは、過去からの繰り返し作業の場合だ。機械が部品をつくるような場合にはうまくいくけれど、求められる仕事が創造的になればなるほど、うまくいかない。なぜなら、進行してみて初めて見えてくる情報や状況があるから、途中で新たな発想を取り入れなければ、プロジェクトは硬直。過去の認識でつくられた計画にしがみつけばつくほど、成果物は過去のものになってしまうからだ。

そこで未来に価値あるプロジェクトであればあるほど、必ずと言っていいほど、スケジュールの中盤あるいは最終局面で、八方塞がりに陥る。それはプロジェクトが、当初の想像をはるかに上回るレベルへと脱皮しようとしているからだ。

このように行き詰まった際、【貧す人】は、なんとか工程どおりに進めるために、「現実的に考えよう」と呼びかけ、妥協する。

逆に、【稼ぐ人】は、**いったんプロジェクトを手放す。**蝶になる前に芋虫がサナギとなる時期があるように、いったんプロジェクト自体から、離れてみるのである。

それでは、プロジェクトを手放して、何をするのか？

答えは、プロジェクトが完成したときの最高の未来を、先取りするのである。

「今、最高にハッピーになるためには、何をしたらいいか？」と、自分に問いかける。

そして短時間でいいので、心底リラックスしながら、幸せに浸ってみる。恋人や家族と映画を見に行くのでも、また同僚同士で飲みにいくのでもいい。

すると……、突然、予想外の解決策がひらめいたり、思いがけない人から連絡が入ったりして、一気にプロジェクトは形になり始める。このように、**本当に価値を生むプロジェクトは連続的に完成していくものではなく、非連続的にできあがる。**

飛躍する前には、一度荷物を下ろさねばならない。これは〝建設的なアキラメ〟だ。

公式16

大縄跳びの法則

貧す人 できる！ 絶対にできる！

稼ぐ人 できないのは、おかしい。

ある大阪の小学校に、すばらしい先生方と児童たちがいる。

彼らのクラスでは、大縄跳び（団体で行う縄跳び）を行っており、1261回という大縄跳びの「大阪府記録」を保持している。

いったいどうやって、大会新記録を、子どもたちとともに達成したのか？

先生は、その道のりを記録するため、子どもたちに、**毎日練習日記**をつけさせた。

すると、あとから振り返ってみて、大変面白いことがわかった。

「優勝したい」と、子どもたちが日記に書いていた段階では、目標は達成できなかった。

「絶対に、優勝したい」と、書き始めた段階でも、目標は達成できなかった。ガッカリする子どもたちを前に、なんとか成功体験を積ませてあげたい、と先生は考えた。

大会で優勝するためには、1200回以上跳ぶ必要があるけれど、それを目標とすると、失敗するたびに、モチベーションがダウンする。

そこで先生は、練習方法を工夫した。「**優勝するために、100回を200回跳べるようにしよう**」という目標に切り替えたのである。

すると、連続して跳べる回数が増えるにつれて、子どもたちの自信が増していった。日記を見ると、子どもたちの表現が変わってきた。「**1260回、跳べないのは、おかしい**」「**優勝しないのは、おかしい**」と書く子どもたちが、クラスの3分の1を超えるほどに増えてきた。

そしてほどなく見事に、大会新記録！　優勝を勝ち取ったのだ。

このエピソードは、ビジネスリーダーにとっても大きなヒントをくれる。

【貧す人】は、「絶対にやる！」「やりきります！」と、自分やまわりを追い込むことで、結果を得ようとする。一方、【稼ぐ人】は、**「実現しないのは、おかしい」「成功しないなんて、ありえない」**とつぶやき始めるまで、目標に向かって小さな行動を積みあげる。

ポイントは、成功イメージは**全員に浸透しなくてもいい**ということだ。全員を変えようとするのは、難しい。

3人にひとりが、成功を確信したときに、現実は変わる。まずは、まわりのひとりを、あなたのプロジェクトの味方にすることから始めよう。

PART 3

【貧す人】vs【稼ぐ人】
売れる公式41

【公式 17 ～ 32】
応援者を集めるメッセージをつくるステージ

公式17 文章＝感情伝達の法則

貧す人 どんな**情報**をわかってもらうのか？

稼ぐ人 どんな**感情**を持ってもらうのか？

あなたの文章を、突然、名文にする方法がある。簡単だが、非常に強力だ。

実は、ほとんどの人が、文章を書く前提を勘違いしているのだ。その結果、目に留められることもなく、すぐにゴミ箱に消えていく言葉を日々量産している。

「文章は簡潔に。必要な情報を、わかりやすく伝える」

このような文章がよい文章だと思うなら、あなたに最適な職場は「お役所」だ。正確性が命なので、高く評価されるのだが、残念ながら、誰の気持ちも動かさない。

一方、もし、あなたが稼ぐための文章を書きたいのであれば、**次の一行**を忘れないように、しっかりとメモを取っていただきたい。

「文章は情報を伝えるのではない。〝感情〟を伝えるために書くのだ」

では、どうすれば、感情が伝えられるのか？

ここで、会社説明会にこられる顧客向けに、地図を案内する文章をつくることを考えてみよう。**【貧す人】**は、情報だけ伝える。そこで文書の見出しは、「会社へのアクセス」。そして「交通機関」といった説明書きもある。簡潔にまとまってはいるが、顧客がこの文書を読んでも、説明会への期待も会社への好感も抱かない。

一方、**【稼ぐ人】**は、文章を読み終わったあとに、**読み手にどんな感情を抱いてもらいたいのかと逆算**して考える。すると、「この会社は、顧客を大切にしている会社だなぁ」、または「気配りがすばらしいなぁ」という感想を言ってもらいたいとすれば、次のような文書構成が考えられるだろう。

あなたとの出会いを、笑顔でお待ちしております。

会社へのアクセスは、とっても簡単。表参道駅から、徒歩1分です。

洋館のような白いビルを目指してきてください。（この後、地図を掲載）

追伸、会社の真向かいにあるカフェのチョコレートパイ、絶品です。

そう、あたかも、久しぶりに会う親友に手紙を出すかのような気持ちで。

「文章を書くことによって、どんな〝感情〟を伝えたいのか？」

この自分への問いかけに答えたあとに文章を書くと、まったく違った言葉が思い浮かび始める。**言葉には、あなたの感情を充電できる**のである。

公式18 顔写真の法則

貧す人　“ウソ”が見えないようにしよう。

稼ぐ人　“顔”が見えるようにしよう。

まずは、次の2つの広告を見てほしい。パッと見てわかるだろうが、私の顔写真が入っているか、入っていないかの違いである。いったい売上にどれほどの違いがあるか、おわかりになるだろうか？　実際のデータを、こっそりとお見せすると……！

バナー広告A（顔写真あり）

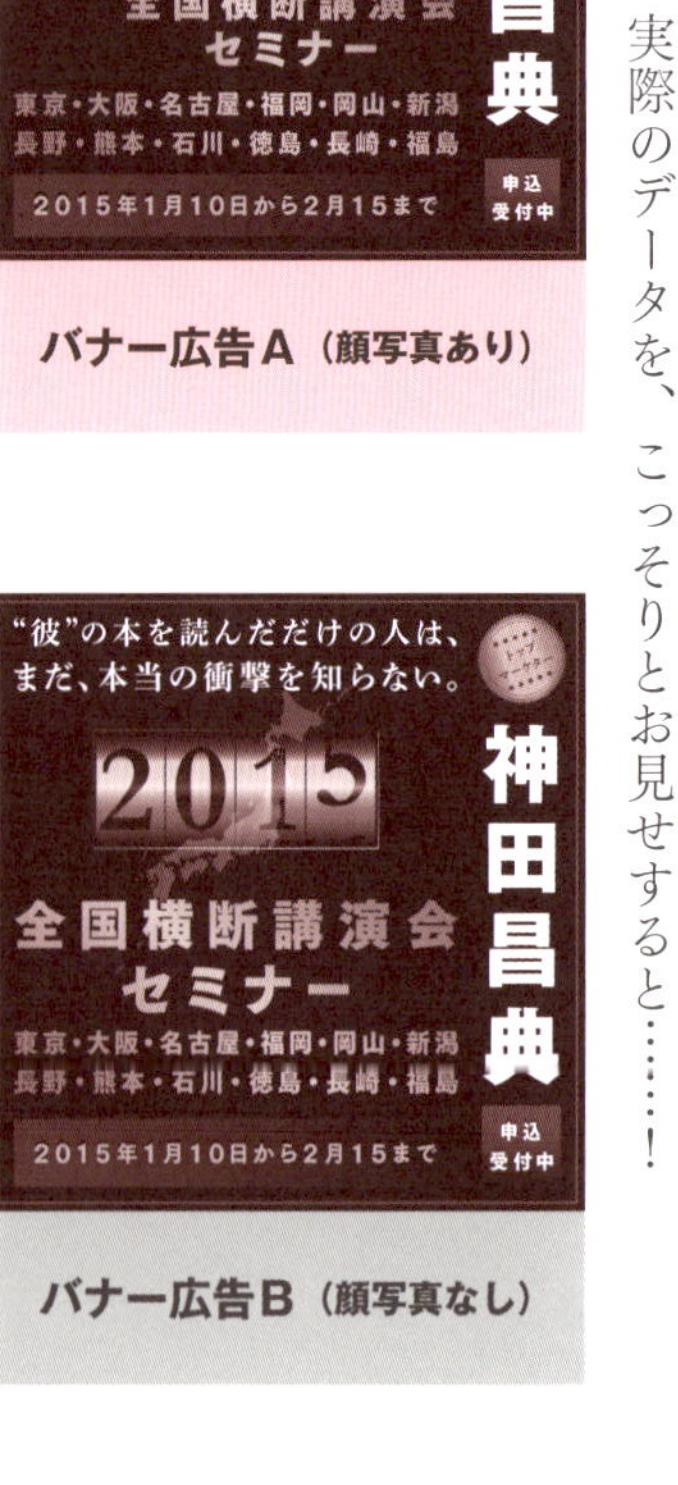

バナー広告B（顔写真なし）

▼顔写真あり
CTR（広告クリック率）：0・137％
CVR（成約率）：1・12％

▼顔写真なし
CTR（広告クリック率）：0・134％
CVR（成約率）：0・35％

な、なんと！　顔が入っているかどうかで、**売上が約3・5倍**も変わるのである。

これは、私だけに当てはまる例外ではない。マーケッター向け専門メディア「MarkeZine（マーケジン）」編集部による記事（2014年8月25日付）によれば、「人間の顔が入っている広告は**177％コンバージョン率が高い**（保険の広告に関する調査）」という。

これだけ劇的な違いを成約率にもたらす理由は、顔を見せることにより信頼性が高まるからであると、私は考えている。【貧す人】の広告は、メッセージの発信先が誰だかわからない。その結果、何かウソがあるのではないかと勘ぐられてしまいがちだ。

一方、**【稼ぐ人】**は、顔というひとつの統一したイメージを提供し続けると同時に、**責任を引き受ける覚悟が明白**だ。ただ、必ずしも、あなたの顔を出す必要はない。

重要なのは、**「会社の顔となる、一貫したイメージは何か？」**と考えることである。それを決めることで、情報洪水の中で、あなたの会社は際立つブランドとなって浮かび上がるきっかけをつかむことになる。

公式19

すべり台の法則

貧す人 すごいと感心されるためには、何を伝えればいい？

稼ぐ人 関心を持ってもらうには、何から伝えればいい？

アメリカの伝説のコピーライター、ジョセフ・シュガーマン（著書『シュガーマンのマーケティング30の法則』ほか）の言葉に、次のようなものがある。

「**広告において、一番目の文章の目的は、二番目の文章を読ませること。二番目の文章の目的は、三番目の文章を読ませること**」

このように、読み手が「すべり台をすべるように」文中に引き込まれる表現こそが、売れる広告文だという。つまり「**関心を持ってもらうために、何から伝えればいいか？**」を考え、売り手であるこちらの世界に、顧客を導き入れる道筋をつくるのだ。

【貧す人】は、セールスレターなどの広告文をつくる際に、まず自分の商品説明を鼻息荒く始めてしまう。「画期的ダイエットサプリ！」「脂肪燃焼カプサイシン、増量！」というように商品の特長を書き連ねてしまう。これでは、これから売り込みますよ、と宣言するようなもの。顧客は文章を読むことなく、逃げるように去っていくだろう。

それに対して、**【稼ぐ人】**は、まずは短い文章で、読み手の興味を引く。ダイエットのサプリなら、第一文は、

「ダイエットしてるでしょ？　と友達から言われたとき……」

読み手は、これだけでは意味がわからないので、ついつい読み進める。

第二文が、**「私はおもいっきり、首を横に振ってしまいました（汗）」**となれば、さらに次を読まないと落ち着かない。

そして第三文目で**「ウソじゃないんです。なぜなら、いつもどおり、しっかり食べているんですから……」**とストーリーに引き込んだあとに、商品紹介を行っていく。

こうした顧客を引きつける文章を考える際に、とても簡単な方法がある。あなたが感動した**「顧客の声」のインパクトある部分を、そのまま見出しに使う**のである。たとえば、**「えっウソ!?　体重計が間違いかと思いました」「このサプリに出合えて、本当によかったです」**といった具合だ。

セールスコピーを書く技術とは、**ストーリーをつくる技術**に近い。映画のオープニングのように、商品を紹介するショーのオープニングのセリフを考える。そして日常をすごす顧客を、価値ある冒険へと誘っていく……まさに〝芸術〟なのだ。

公式20 痛み解決の法則

貧す人 顧客には、何のニーズがあるか？

稼ぐ人 顧客には、どんな痛みがあるか？

「アドバイスをいただけませんか」とセールスコピーを渡されたとき、私は、**「あなたの商品は、顧客のどんな痛みを解決できるのですか？」**と尋ねることが多い。相手はキョトンとするのだが、その答えが明確でないと、あなたにお金を差し出す人は、まずいない。

たとえば、あなたが働く女性を応援するための、保育園の比較サイトを運営しているとしよう。その際、【貧す人】は、顧客への文章で、社会問題を語ってしまう。「慢性的な保育所不足が深刻です。待機をやむなくされる『待機児童』が社会問題となっています」といった具合だ。**「痛み」が他人事**になってしまっているのである。これでは、実際にお金を支払う顧客からは何の賛同も得られない。

一方、【稼ぐ人】は、顧客の痛みを自分の痛みとして感じ取り、自分が役に立てることはないだろうかと考える。その結果、言葉はグッと対象客に近いものになる。

たとえば、「**ショック、今年も抽選漏れ！　そんなとき頼りになる、最強のママ友が、ここにいます**」といった具合だ。

顧客の本音を理解し、心に刺さるコピーを考えるうえで外せないのが、雑誌記事の見出しである。面白いなと思うキャッチコピーを見つけたら、それを自らの商品に活かせないかと考えてみる。

たとえば、「女の肌は、崩れない。崩せない」というコピーを、保育園比較サイトに活かすなら、「**保育園選び――ママの理想は、崩れない。崩せない**」。

「おしゃれな人は、今、何着てる？」というコピーを見つけたら、「**仕事ができるママは、保育園をどう選ぶ？**」と工夫してみる。

このように、対象顧客が読みそうな雑誌記事の見出しを参考にしてみると、会社と顧客との間の言葉づかいではなく、気持ちを理解してくれる友人との間の言葉づかいとなり、読まれるメッセージとなるのだ。

もちろん、アクセサリーやファッション、飲食などの喜びを満たす事業は、痛みとはなんら関係がない。しかしそれでも、自分に似合うぴったりの店が見つからない……そんな空虚さという痛みを感じ取れると逆に、大きな喜びを表現できる言葉が浮かんでくる。

痛みがわかるからこそ、喜びがわかる。**思いやりこそ、最強のコピー**なのだ。

公式21
傷ついたヒーラーの法則

貧す人 今まで頑張ってきたのに、もう最悪だ。

稼ぐ人 未来から見れば、これは最高の瞬間だ。

「ウンデッド（傷ついた）・ヒーラー（Wounded Healer）」という言葉がある。

傷つきながらも、他者を癒せる人という意味だが、代表例を挙げれば、ロックスターの矢沢永吉。詐欺事件の被害者となり、30億円を超える借金を背負ったが、ステージに立ち続けることで完済。彼の姿は、ファンをはじめとして、多くの人々に影響を与え続けている。

「ウンデッド・ヒーラー」の力は、売上を上げる際、自然に役立つことになる。なぜなら、問題を抱えている顧客にとって、障害を乗り越えたという経験自体が、大きな学びとなるからだ。たとえば、「帰国子女で、生まれはロンドン。英語の成績は学校でトップ。もちろん外国人の友達もたくさんいました」と言う英語講師と、「このままではクビにされてしまう……。なんとか会議で通用する英語を、3週間で学ばなければならなかった」、または「話しかけても完全無視。そこで、トム・クルーズを完璧にマネた発音を特訓し、ついに彼女をゲット！」と言う英語講師。

あなたが、英語で困っているとしたら、どちらの講師に共感するだろうか？

このような障害を乗り越える経験を――あなたひとりではなく――チーム全体で積んだとき、顧客に対するインパクトは、さらに大きくなる。**開発苦労話は、商品のこだわりを効果的に伝えられる**からだ。たとえば、

「ようやく自慢できる商品を出荷したとき……、最悪の事態が起こったのです」

「大型注文に、わたくしたちは有頂天。祝杯を挙げていたまさにそのとき！　予想外の電話が鳴ったのです」

このように障害をひとつひとつ乗り越えていくたびに、顧客に伝えるべき内容が生み出される。**終わらない嵐はない。だから嵐のときを記録する。最悪の状態を、写真や映像に収めておく**のだ。そうすることにより、のちのち大成功し、テレビ番組で取り上げられる際には、最高の素材を提供できることになる。

どん底のとき、【貧す人】は、まわりに語る言い訳を見出すが、【稼ぐ人】は、**未来に語る物語**を見出す。

失敗体験とは、事業成長にとって必要不可欠な**資産**（リソース）なのである。

公式22 カウントダウンの法則

貧す人 商品を早く売り切るためには、どんな限定を？

稼ぐ人 顧客が間に合うためには、どんなあと押しを？

どんなに自分にプラスになると知っていたとしても、人は変化に抵抗する。「運動するほうがいい」「酒を控えるほうがいい」「英語を学ぶほうがいい」――このように頭で知っていることと、実際に行動することの間には、大きなギャップがあるのだ。ギャップを埋めるために絶大な効力を発揮するのが、**時間軸**である。どんなに理想の未来が待っていようと、締切がない限り、人は行動しない。だから、セールスメッセージをつくる際には、あたかもアクション映画で時限爆弾のカウントダウンが始まっているような、**「臨場感のあるタイムリミットは、何か？」**と考えてみよう。

タイムリミットには、「**自社**都合」「**顧客**都合」「**市場**都合」の3つのタイプがある。

自社都合のタイムリミットの例を挙げれば、「在庫一掃セール」「決算キャンペーン」「閉店売り尽くしセール」「第一区画販売期間○月○日まで」「初回プレス限定キャンペーン」など。これらは使い古されているので、あまり臨場感や切迫感はない。

そこで、「顧客都合」のタイムリミットを表現できないかと、考えてみる。

たとえば、「夏までにやせたい人のための、即効3週間ダイエット」「海外出張で輝くための一夜づけ英会話」といったように、顧客が置かれた状況を想像し、それに間に合わせられるような提案を考えてみる。「たった3分で、保険料がどれだけ安くなるか、お見積りします」「ムダ一掃宣言。今月から通話料が浮き始める、格安携帯」というように、**今すぐ顧客が行動しないとデメリットが続くという負の側面**に気づかせてあげるのも、効果的だ。「**過払金の返還期限が近づいています**」というキャッチコピーは秀逸。返還期限は最終取引日から10年間だから、人によって締切は異なるはずであるが、この瞬間にもストップウォッチが鳴っているかのような臨場感を与える。

3つ目の「市場都合」の締切は強力で、反応率を大幅に引き上げることが多い。「**税率アップ**」「**補助金申請期限**」「**新しい法律の施行**」などは、顧客は知らないケースがあるため、それを教えてあげるだけで、グッと売上を引き上げることができる。

【貧す人】は、自社都合だけの締切を考え、煽っているかのような悪印象を持たれる。

【稼ぐ人】は、**顧客が期限までに行動しないデメリット**を考え、それを避けるための最適な提案をする。**母のように、顧客をあれこれと心配することで、売上を上げている**のだ。

公式23

想定外ライバルの法則

貧す人 ライバルに**勝てる**ためには？

稼ぐ人 ライバルを**超える**ためには？

大ヒットする映画には、必ず手強い敵が登場する。『スター・ウォーズ』では、ルーク・スカイウォーカーに対し、ダース・ベイター。『バットマン』では、ジョーカー。『プラダを着た悪魔』では、主人公のアンドレアに対して、カリスマ編集長のミランダといった面々。ドラマでは悪役が魅力的であればあるほど、主人公が輝く。

ビジネスにおいても、敵を設定することによって、あなたの会社は際立つ。しかし、ライバル会社を敵視するのは、もはや時代遅れ。たとえば、大手企業をライバルとして、「見るは（ライバル会社名）、買うは（自社名）」とか、「テレビ広告しない分、浮いた宣伝費を、お客様に還元します」などと比較すれば、短期間で売上は上げられるものの、副作用が大きい。そうやって集まった顧客はかみついてくることが多いし、またあなたの事業が大きくなったときに、今度は逆に、後発企業からバッシングされることになる。

そこで、**あなたの商品とはまったく関係ない商品を〝敵〟に設定してみるという方法**がある。例を挙げれば、こだわりの甘酒の製造・販売をしている株式会社源麹研究所（鹿児島県霧島市）。ここの商品（甘酒）の広告コピーは、「**ライバルは高級スイーツ**」「**甘酒の糖度は18度。完熟マンゴーと同じです**」といった具合。決して同業他社の商品とは比較していない。ちなみに、この甘酒の価格は税込2００円程度。ライバルを高級スイーツや宮崎マンゴーとしているのだから、お値打ち感も出るというものだ。比較対象をライバル商品から**想定外のものに変えるだけで、価格競争からも逃れられる。**

米国テスラモーターズの最新車種には、空気清浄機能として医療用フィルターを採用しているのだが、その説明として、創業者イーロン・マスクは、「**化学兵器で攻撃された際にも、大丈夫**」と、なんとテロリストを敵に設定した。

【貧す人】は、同業他社を敵とみなすが、【稼ぐ人】は、**自社商品をまったく異なる商品と面白く比較**したり、環境破壊、人種差別、貧困問題、エネルギー問題といった社会的問題を敵とみなしたりする。そしてライバル会社すらも、あなたとの**共同戦線に巻き込んでいく**のである。

誰もが味方にならざるをえない、共通の敵はどこにいるか？

それを見出すことで、あなたの事業は使命感を持って、より広い市場へと飛躍し始める。

公式24

一発逆転の法則

貧す人 何か、**儲かる**商品はない？

稼ぐ人 何か、**挑戦する**商品はない？

観客を惹きつけてやまない、ヒット映画のパターンがある。それは、強敵に負けそうになる寸前に奇跡が起こって、一発逆転する痛快劇だ。

実は、売上を上げるときにも、このパターンが使える。

たとえば、あの永遠のマンネリCM――2人の男性が、命をかけた冒険をしながら、様々な障害に立ち向かう。そして最も困難な場面で、ここぞと力を振り絞りながら、「ファイトー!!」「イッパーッツ!!」という叫び声を挙げ、危機脱出！

この奇跡を起こすのが、CMが売ろうとしている商品、「リポビタンD」である。40年近く、**「挑戦・困難・逆転」という変わらないパターン**を続けるのは、それが売上を上げるために最も効果的だからである。

一発逆転パターンを凝縮した、一行の見出しがある。アメリカの天才コピーライター、

ジョン・ケープルズが、米国音楽学校の通信講座用に制作した、歴史に残る名コピーである。その言葉を紹介すると……、

「私がピアノの前に座るとみんなが笑いました。でも弾き始めると――!」

たった一行でありながら、ありありと情景を思い浮かべられるだろう。このコピーが書かれたのは、1925年。なんと90年以上も前のことだが、今もって、この見出しから始まる広告で商品を説明すると、突然、売れ始める。たとえば、

「私がHELLOと言うと、みんなに笑われました。でも、その後、息をつかずに英語を話し始めると――!」

「私が東大受験すると言ったら、みんなが笑いました。でも合格通知を見せると――!」

「私がワインメニューを持ったとき、みんなに笑われました。でも、ソムリエと会話し始めると――!」といった具合である。

【貧す人】は、商品そのものを描写しようとするが、**【稼ぐ人】**は、**商品が生み出すドラマを描写**する。そして、そのドラマが**多数の人の胸を打つのは、あなた自身が挑戦をやめないから**である。

あなたも、さっそく、自分の商品について、下記の空欄を埋めてみてほしい。

「私が○○すると、みんなが笑いました。でも××始めると――!」

公式25

断りきれないオファーの法則

貧す人
この商品は、○○です。

稼ぐ人
この商品を活用すれば、○○できます。

商品の価値を魅力的に伝えるには、**少なくとも7つ以上**、顧客に与えるベネフィットを並べる必要がある。

そのための表現の公式を紹介すると、下図のとおりである。

この商品を使うことで、あなたが得られる効果のほんの一部を挙げると……

1 ○○（商品ベネフィット1）できるようになる。

2 ○○（商品ベネフィット2）になれる。

3 ○○（商品ベネフィット3）できるようになる。

4 ○○（商品ベネフィット4）になれる。

さらに……、

5 ○○（商品ベネフィット5）になれる。

6 ○○（商品ベネフィット6）できるようになる。

しかも……！

7 ○○（商品ベネフィット7）になれる！

このように箇条書き

項目を7つ以上にすることによって、「こんなに多くの効果があるんだ」という驚きを与えることができる。

人は6人で集まれば、ひとつの話題でまとめられるけれど、7人が集まると、4人と3人とで話題が分かれてしまうように、7つ以上はまとめて考えづらい。

逆に言えば、**効果を7つ以上**挙げると、購入する価値がある商品だと思ってもらえる。

また「この商品は○○です」と機能を説明した場合には、売り手視点の説明になるが、**「○○できるようになる」「○○になれる」**という表現は、顧客が商品を使っている姿をイメージしやすくなる、**買い手視点**の説明となる。

つまり、商品特徴を7つ以上考え、それを「○○できるようになる」「○○になれる」という2つのパターンによって表現するのだ。

「さらに」「しかも!」と、**リストを分けて説明**することによって、すべての項目に目を通してもらえやすくなる。

【貧す人】は、商品をそっけなく説明する。なぜなら、きちんと商品知識を学んでいないからだ。一方、**【稼ぐ人】**は、商品を深く愛しているから、顧客に応じて様々な観点から説明できる。商品を愛すれば愛するほど、顧客に伝わる商品価値は高くなる。

商品説明は、顧客へのラブレターなのだ。

公式26

フロントエンド・バックエンドの法則

貧す人 まずはじめは、そこそこの体験を。

稼ぐ人 最高の驚きをもたらす、すごい体験を。

あなたがワクワクしている事業に顧客を招き入れていくためには、試行錯誤が必要だ。前にも触れたとおり、ひとりの顧客を獲得するのには、通常1万～2万円超もの費用がかかる。そこで事業を軌道に乗せるために、**「まず何を提供し、次に何を提供するか」**という集客モデルを調整しながら、確立しなければならないからだ。

集客モデルは、大きく分けて3つある。

ひとつ目の方法は、とにかく**無料**で試してもらうこと。無料サンプル、無料お試し、無料モニター、無料ダウンロード、無料説明会など、まずは無料で商品提供するのである。

以前は、無料サンプル広告を出すと、見込客からの申込が殺到した。その見込客をフォローしていくと、10～20％は成約したので、効果的に顧客を獲得できた。

しかし最近では、無料サンプルを配る会社があまりにも多い。見込客自身も、手元にいくつもの会社からサンプルが届き、取り寄せたこと自体も忘れてしまう状況だ。

そこで、2つ目の方法を試す価値がある。本当に売りたいメイン商品につながる低価格商品（フロントエンド商品）を販売。その後、会社に安心してもらった段階で、メイン商品（バックエンド商品）を買っていただく。こうなると、申込数は少なくなるものの、売上により広告費の一部が回収でき、ひやかし客も少なくなるので、早期に優良な顧客へと引き上げられる。

3つ目は、メイン商品を売るという正攻法。自動車や住宅・不動産や、冠婚葬祭等のリピートが少ない業種は粗利が十分にあるので、いきなりメイン商品を販売できるし、またブランドを確立した商品や成長期にある商品は、黙っていても、顧客のほうから商品を見つけてくれるので、いきなり売りたい商品から売っても、顧客が集まる。

どれが効果的かは、商品や価格によって異なるので、調整期間が必要。収益に直結するので、この実験プロセスを省略すべきではない。しかし、どの場合でも、重要な原則は、**最高のものを、妥協せずに届ける**ことである。今はあまりにも変化のスピードが速いので、顧客が驚き感動して、まわりに話さざるをえないものを提供しないと、すぐに忘れさられてしまうからだ。【貧す人】は出し惜しみし、無料だからと、そこそこのものを提供する。一方、【稼ぐ人】は妥協せず、**無料であっても最高の驚き**を提供するのだ。

公式27 圧倒的な証拠の法則

貧す人 この商品の魅力を、あなたに教えてあげます。

稼ぐ人 この商品の魅力を、あなたが語ってください。

商品を提案する際、あなたに必ず準備してもらいたいのが、「**圧倒的な証拠**」だ。

それは商品・会社に対する安心と信頼を顧客に感じてもらうための、多量かつ多面的な情報のこと。具体的には、受賞歴、表彰歴、マスコミ報道、一流企業との取引歴、そしてお客様の声などだが、その中でも、最も重要なのが、**お客様の声**である。

お客様の声は、強力だ。あなたが本を選ぶとき、読者レビューを見ないことはないだろう。信頼できる書店員さんからの評価であったり、ネット書店で既存読者から高評価かつ多数のレビューが寄せられていたりすると、安心して購入できるはずだ。

オンラインショップで、レビューを書くと大幅割引されることからわかるように、**良質のレビューを集めることは、もはやすぐれたコピーライターを雇うほど重要**。

お客様の声を集めるうえで重要なのは、「**影響力**」と「**真実味**」である。大ヒットを目論む映画の広告を見ると、とにかく各界著名人の感想が並ぶ。ターゲット層に影響力を持つひとりの感想を得るために、プロモーション担当者は、ありえないほどの時間と労力をかける。一般的な商品にとって、影響力がある人と言えば、タレント、芸能人、スポーツ選手、作家などの著名人、もしくは医師、弁護士、会計士、大学教授などの先生的な立場にいる人になるので、そうした厳選された方からの感想を**7人以上**集めるよう努力してほしい。

また**【貧す人】**は、お客様を「匿名希望」だとか、「T.S.」などのイニシャルで紹介する。ネットショップのレビューであれば、好意的なレビューばかりにしようと画策する。しかし、それでは、かえってあやしくなる。一方、**【稼ぐ人】**は、「真実味」すなわち、それがウソ偽りのない真実であることを感じてもらうために、できる限り、お客様の声に**本名や顔写真を掲載させていただくよう、協力をお願い**する。

このような協力は、商品を使って愛着のある顧客にとっては、喜びとなる。これによりあなたとの交流が深まれば、自分のブログやSNSで紹介したり、使っている様子を映像収録したりして、商品の伝道師として活躍する顧客も出てくるほどだ。

このように、今や商品を広げていくプロセスは、**顧客との共同作業**に変わっている。**自分の商品をきっかけに、顧客はどんな活動をすることを喜びとしているのか？** このような顧客との共同作業の結果に生み出される交流こそ、〝**圧倒的な証拠**〟になるのである。

公式28 大胆な保証の法則

貧す人 返金保証をつけたら、会社の〝損〟

稼ぐ人 返金保証をつけたら、会社の〝得〟

全額返金キャンペーンが、広がっている。アサヒ飲料の缶コーヒーブランド『ワンダ』は、商品リニューアルの際、「**ご満足いただけなければ全額返金！**」キャンペーンを展開。電気シェーバーのブラウンも、「**最強の深剃りへ挑戦　満足しなければ全額返金**」と大きく宣伝。さらにはプロ野球の横浜ＤｅＮＡベイスターズも、「**全額返金!?　アツいぜ！チケット**」と題し、試合に負けたらチケット代金を全額返金する企画を実施した。

いずれも期間限定の企画だったが、こうした満足保証には、**3つの効果**がある。

まずは、**商品品質への信頼をアップ**する効果。あなたの商品が、まだ多くの顧客に知られていない場合、おもいきって全額返金を打ち出すことで、品質に対する信頼を一気に獲得できる。顧客にとっては、「全額返金するほど自信があるのか。本当なのか」とリスクなしで、試してみることができる。

もうひとつの効果は、**顧客増**である。実際に、全額返金を依頼する人は、多くても全購入者数の5％程度。しかし、今まで興味があった顧客が、ここで購入を決断するので、顧客数が15％増えたら、結果として、かなり有効な顧客獲得キャンペーン策となる。満足保証することによって、品質のよさが広く知れ渡ることになるので、ブランド力を高めたい会社にとっては、**返金保証するほうが、割引するよりも断然、賢い**ことになる。

そして3つ目の効果は、**品質管理**。返金依頼があまりにも多かった場合、たとえば10％もあるのなら、それは相当品質が悪いものであることがわかる。すると返品されたケースを緻密に分析して、商品を一挙に改善する好機として活かすことができる。

【貧す人】は、こうした満足保証のメリットがわからないから、「全額返金したら、大きな出費だ」「保証を悪用する顧客がいる」と反対する。それに対して【稼ぐ人】は、満足保証による顧客増を考えるから、中途半端に行うことは意味がないと考える。そして**「保証を打ち出すことで、いくつものメリットを同時に刈り取るには、どうすればいいか？」**と大胆な企画を考えるのである。

誇りに思っている商品であればあるほど、保証の悪用への対応は、社内のモチベーションを下げるだろう。しかし、商品への感情を切り離し、〝戦略的に〟満足保証を活用すれば、さらに一段すぐれた組織へと成長することは間違いない。

公式29

シンプルな交換の法則

貧す人　社内の業務プロセスをシンプルに。

稼ぐ人　顧客の注文プロセスをシンプルに。

顧客のお金と商品とを交換する瞬間には、できる限りシンプルな方法を取らなければならない。なぜなら、どんなにこだわって商品をつくっても、どんなに魅力的なメッセージを顧客に送っても、購入時の申込や手続きが面倒だと、それだけで売上は激減してしまう。

ウェブサイトのカートに商品を入れたまま、買わずに去ってしまう離脱率は、平均25〜30％も生じる。リアル店舗で考えてみれば、買い物カゴを持ってレジに並んだのに、会計が面倒で帰ってしまう人が、10人中2〜3人もいるということだ。

また、次回の買い物に便利なようにと会員登録してもらったとしても、パスワードを忘れてしまう率（パスワード・リセット依頼率）は約40％。これもリアル店舗に当てはめてみたら、再来店客の10人中4人が、入口がわからずに帰ってしまうということだ。

ウェブが浸透することで、売り手も買い手も24時間365日、稼働することができるようになったが、その結果、ビジネスは高度に専門的になってきている。

あなたの会社情報を表示するにも、PC、タブレット、スマートフォンと様々な画面サイズがあり、お得意様に情報を案内する際にも、DM、メルマガ、フェイスブック、ツイッター、ライン、電話をはじめとして、いくつもの方法がある。

こうしたあらゆる変数に対応する複雑な作業を、顧客に対してシンプルに見せていくためには、もはやひとりのマーケティング担当者を設けるだけでは十分ではない。

アマゾンは、顧客に少しでも早く商品を届けるために、30分以内に配送するドローンを開発したり、少しでも注文の手間を省くために、「ダッシュ・ボタン」という押すだけで商品を発注できるボタンを無料配布したりしている。このような**顧客サービスのイノベーションは、複雑な社内が連携できて初めて可能**になるのだ。

そこで、あなたに考えていただきたいのは――**「顧客からわずらわしさを完全に取り除くには、どうすればいいいか？」**という問いである。

【貧す人】は、社内部署内の**利害**に気を配って、顧客に**複雑さ**を強いる。

【稼ぐ人】は、社内部署間の**連携**に気を配って、顧客に**シンプルさ**を与える。

お金を支払うその瞬間――顧客が商品の品質よりも先に感じ取るのは、あなたの会社にチームワークがあるかどうか、なのだ。

公式30

見えない気づかいの法則

貧す人 梱包に、商品を満たす。

稼ぐ人 梱包は、社会を満たす。

「フルフィルメント」という言葉がある。商品を出荷する際の、梱包作業のことであるが、フルフィルとは、**心を満たす**という意味もある。すなわち梱包作業は、顧客満足に直結する非常に重要な仕事なのだ。

商品を送る際に、【貧す人】は、商品パッケージにだけこだわる。一方、【稼ぐ人】は、それに加えて、**商品パッケージ自体を包み込むダンボール箱にもこだわる。**

こだわり方は、3つある。ひとつは、ダンボール箱にもしっかりと**自社のブランド・イメージが表現**されるようにすること。現在、顧客が商品を購入する際には、その都度最安値の会社から買うだろう。どの会社から買ったかは、まったく覚えていないほどだ。

そこで、あなたの会社が顧客に記憶されるために、広告、ウェブ、商品パッケージ、梱包箱すべてを、一貫したブランド・イメージでまとめていこう。広告とウェブページを、

同じテイストのデザインにしただけで、明らかに成約率が上がる。統一されたブランド・イメージにすれば、リピート率も引き上げられるだろう。

2つ目は、**箱の中身。**商品と納品書だけではなく、**顧客へのお礼のメッセージ**が入っているだろうか。ある会社は『梱包通信』というニュースレターを、箱の中に封入した。梱包作業を行う社員が、倉庫で楽しく働く様子を顧客に報告する、手づくり新聞である。はじめは季節の挨拶程度だったが、そのうち子育て苦労話をしたり、ペットの写真を掲載したりした。さらには在庫の動きを把握して、おすすめ商品を紹介したり、キャンペーン案内をしたりするようになった。すると目に見えて、再受注が増え始めた。

3つ目には、**梱包を送り届ける配送業者への気づかい**がされていること。「大切なお客様への商品が入っています」「いつも丁寧な配送ありがとうございます」という言葉が記されている箱を見たことがあるだろう。商品を手渡す配達員をねぎらいつつ、顧客を満足させるための協力関係が築かれている。

このように、顧客からお金を受け取る瞬間だけではなく、顧客が商品を手にするまでのプロセス全体に気を払ってみよう。**どんな見えない気づかいをすると、関わるすべての人が応援・協力してくれるようになるか？**

フルフィルメントとは、結局、**社会全体を満たす作業**でもあるのだ。

公式31

アップサーブの法則

貧す人 もっと『買って』もらうよう、アップ『セール』を忘れるな。

稼ぐ人 もっと『満足して』もらうよう、アップ『サーブ』を忘れるな。

ほんのちょっとの工夫で、売上を上げるシンプルな方法――それが**アップセール**である。マクドナルドの「ご一緒にポテトはいかがですか?」というのがよく知られた例。いわゆる「ついで買い」を誘うセールス法のことだ。

どの会社にとってもアップセールは、絶対に必要。なぜなら、これで事業が採算ベースに乗るかどうかの分岐点になることが多いからだ。

たとえば、あなたが化粧品を販売しているとしよう。顧客ひとりを集める広告コストが8000円かかったなら、そのコストをできるだけ早く、利益から回収しなければならない。化粧水を1本販売したときの利益が1000円だとすれば、8回買ってもらったあとに、ようやく広告投資を回収できることになる。言い換えれば、少なくとも8か月間は、完全に赤字となる。

ここで**「ご一緒に、いかがですか？」**と美容液を販売したとしよう。美容液の利益は2000円だとすると、なんと今度は、3回目の購入時から採算が合う。さらにクリームを販売し、利益が3000円だとすると、今度は、次回購入時から利益が出るようになる。

このように、**投資回収ができるまでの時期がわかってくると、とんでもないことが始まる。**会社の成長を一気に加速できるのだ。なぜなら、数か月後には確実に利益が出ることが見込めるので、広告を出せば出すほど、顧客もお金も集まるからだ。

だが、テクニックとしてアップセールをやり始めると、顧客は、売り込みを避けて離れていく。そこで重要になるのが、「アップセール」ではなく、「アップ**サーブ**」という考え方だ。サーブとは、「奉仕」することだから、「アップサーブ」とは、顧客にさらなる奉仕をしようということだ。このように使う言葉を**「セール」から「サーブ」に変えただけで、顧客にふさわしい、おすすめ商品を提案できる**ようになる。

マニュアルに沿ったセールストークは、一時的には売上は上がるものの、購入後に後悔した顧客は離れていく。

一方、顧客のことをあれこれと心配し、顧客の幸せを自分のこととして考えると、顧客との間で話題にのぼる商品も多くなり、購買単価は自然に上がっていく。

これからは、「サーブ」を徹底する会社が、結局、顧客から選ばれるようになる時代なのだ。

公式32

カスタマーサクセスの法則

貧す人 〝売るまで〟努力しよう。

稼ぐ人 〝売ってから〟努力しよう。

「カスタマーサポート」という言葉は、よく聞くだろう。

しかし、もはや〝サポート〟では十分ではない。これからは「カスタマー**サクセス**」を徹底していかなければならない。つまり、「お客様の**成功**を実現する」というレベルにまで、ビジネスは進化しなければならないのだ。

実際、アメリカでは、「カスタマーサポート部」の代わりに、「カスタマーサクセス部」をつくる会社が増えている。また「カスタマーサクセス・マネージャー」という肩書きも現れ始めている。

いったいなぜ、アメリカで、「カスタマーサクセス」が強調され始めたか？　その理由は、ここ数年、ＩＴ業界において、事業モデルの成否がはっきりと分かれてきたからだ。

少し前、アメリカのアプリ業界では、「フリーモデル」という売り方がさかんだった。

無料でアプリを提供して、できるだけ多くのユーザーに商品を試してもらい、その後、有料プランに移行してもらう方法だ。

インターネットで無料配布できるものがある会社は、一斉に「フリーモデル」を実践し、売上が立たなくても、大量のユーザーを確保して、短期間で上場を目指した。

しかし、このフリーモデルにより事業が大きく育った会社には、**必ず共通点**があった。

それは、いたずらにユーザー数を確保することよりも、**初期段階で少数のユーザーを徹底的に満足させ、彼らが望むとおりのことを成功させた**ということだった。

つまり成功したユーザーがコアにいなければ、どんなに無料ユーザーが増えても、残念ながら、売上は立たないことが判明したのだ。

その結果、アメリカでは、Gainsight社をはじめとして、カスタマーサクセスマネジメントを提供する会社も急速に現れ、またカスタマーサクセス大学も設立されている。

サポートからサクセスへの流れは完全に根づき、日本もそうなるのは時間の問題だ。

「顧客の成功が、私たちの成功です」

「満足だけでは満足できない。提供するのは、結果です」

こんな言葉が、社内にあふれかえる時代が、確実にやってくる。

PART 3

【貧す人】vs【稼ぐ人】
売れる公式41

【公式33～41】
強力なリーダーシップを現すステージ

公式33 戦略3分の1の法則

貧す人 すべてをやりきります。

稼ぐ人 うちの強みは○○です。

ある人気ラーメン店で、新入りスタッフが顧客に水を差し出したところ、店主が毅然とした声で叱った。いわく「うちは600円で、おいしくたらふく食べてもらう店なんだから、水はお客に自分で入れてもらうんだ。水を出すのは、もっと高い店！」

この店主は、企業文化が業績に与える影響をよく理解している。

会社の戦略には、3つにひとつしかない——「**創造戦略**（イノベーション）」か、「**効率戦略**（エフィシェンシー）」か、「**顧客戦略**（ホスピタリティ）」かである。このラーメン店が取るのは、「効率戦略」。創業時からメニューは変わらず、改装もなく、狭いまま、伝統の味を出し続ける。しかし学生街にあるので、学生に負担がないように値段はびっくりするほど安い。だから、いつも行列だ。

もし、「創造戦略」であれば、ラーメンだけではなく、オリジナルメニュー開発が会社の文化となり、話題性で継続的に集客することになる。

「顧客戦略」であれば、丁寧に接客し、顧客の顔を覚え、ポイントカードを発行し、雨の日に忘れものに気づけば、自分は傘をささずにまっしぐらに顧客のもとに走る。

こうした戦略の違いをホテル業界で考えてみると、「効率戦略」を取るのは、どこでも均一サービスを提供するホリデイ・イン、「創造戦略」は、地元アーティストとコラボしながら、部屋ごとに異なる内装を提供する米国のACE（エース）ホテル、「顧客戦略」は超高級ホテルのペニンシュラといったところが代表例であろう。

【貧す人】は、会社方針の中に、創造戦略、効率戦略、顧客戦略という言葉をすべて取り入れる。しかし、この3つの戦略は、それぞれまったく異なる資質を持つので、すべてを同居させられるのは創業者だけ。社長以下の社員は、利害関係がひどくぶつかり合うので、会社は必ず硬直化する。しかも、どれかの戦略に特化したライバル会社が現れると、必ず顧客を奪われる。だから、【稼ぐ人】は、**戦略をひとつに絞る。**「**3つの戦略のうち、自社はどれに秀でているのか？**」と自社の優位性を見極め、そこに**フォーカス**する。社長に創造性があるからといって、会社全体が創意に満ちているかといえば、それは違うのだ。会社は顧客対応にすぐれていたり、効率化が得意だったりする。**社長の強みと、会社の強みは異なる**ことを理解することから、会社は強くなり始める。

公式34

ブランド＝ファン数の法則

貧す人 ブランドになるために、カッコいいロゴを。

稼ぐ人 ブランドになるために、多くのファンを。

一流クリエイティブ・ディレクターにお願いすれば、企業イメージを刷新する戦略、そしてロゴデザインのコストはおよそ1億円。それを、テレビCMをはじめとした広告で社内外に浸透させていくためには、さらに数億円、十数億円もの予算をかけることもある。

こんな金額を聞かされると、普通の会社がブランドをつくるなんて、まったく無理だとあきらめてしまいそうになるけれど……、その本質を考えてみたとき、**ブランドは自然に育っていくもの**であることがわかる。なぜならブランドとは、印象に残るロゴマークでもテレビCMでもなく、**ファンの数によってつくられ始める**からだ。

仮に、あなたに100人の熱心なファンがいたとしよう。彼らは、値引きすることなく商品を買ってくれるし、あなたがすすめるものは疑いなくいいものだと信じてくれる。つまり、その100人の中では、あなたの会社はすでに立派なブランド。立派なロゴやおしゃれなウェブサイトがあろうがなかろうが関係ない。毎日行列ができるラーメン店が全国に名だたるブランドになるように、「ブランド＝のれん」ではなく、「**ブランド＝ファンの数**」なのである。

ファンを集めるプロセスは、宗教ととても似ている。宗教が信者を集めるために、バイブルを配り、十字架をつくり、そして教会で儀式を行うように、会社はパンフレットや小冊子を配り、ロゴマークをつくり、安心できる社屋でイベントを開催する。

その結果、顧客同士がつながり合い、コミュニティとなり、さらに仲間に呼びかけ始めるので、自然な流れで、会社は強力なブランドになっていくのだ。

このように、ブランドとは、ロゴマークという目に見えるものによって築かれるのではなく、顧客との日々の接触という**目に見えないもの**によって輝いていく。

だから、事業を営むうえで大切なことは、**顧客や取引先がどんなコミュニケーションに価値を感じ、どんな活動に信頼を寄せてくれるのか**をしっかりと頭に思い描いておくことである。【貧す人】は、まずロゴマークをデザインしてしまうが、【稼ぐ人】は、**会社への信頼を育てるプロセスを、まずデザインする。**そして集まったコアな顧客のニーズを深く理解したあとに、求心力のあるシンボルとしてロゴマークをつくるのである。

ロゴにお金をかける前に、人にお金をかけなければならない理由が、ここにある。

公式35

手放す覚悟の法則

貧す人 『利益』を得るために、『責任』は忘れよう。

稼ぐ人 『責任』を果たすため、『利益』を手放そう。

「Don't Buy This Jacket」(このジャケットを買わないで)

アメリカの衣料品メーカー「パタゴニア」は新聞広告で、自社の商品であるジャケットの写真とともに、こんなコピーを掲載した。

「自社の商品を、買わないでくれ」と訴える、この広告は大きな反響を呼んだ。

いったいなぜ、パタゴニアはわざわざ自社の損失になるようなメッセージを打ち出すのか？

その理由は、**企業責任を果たす決意**を表明するためだった。

彼らは、環境を守るためにムダな消費を抑えるべきだと考えていた。まだ着られる服を、シーズンが変わったからといって買い替え、修繕すれば長持ちする服を、捨ててしまうことが許せなかった。それらは彼らの企業ミッションである「ビジネスを手段として環境危機に警鐘を鳴らし、解決に向けて実行する」こととと相容れなかったわけだ。

似たような広告メッセージは、日本にもある。「転職は慎重に。」という、転職サイト・エンジャパンの広告である。転職してもらうことこそ、彼らの利益になるのだが、その利益を手放してまで、「転職者の人生を守る」という社会正義を貫いた。この表現は、目を引くためのキャッチフレーズではない。言葉が、一貫した行動により、裏づけられている。エンジャパンの広告は、企業(=広告主)のよい面を書くだけではなく、正直に会社を描く「取材」というスタンスを取っている。

パタゴニアも、エンジャパンも、**利益を手放す決意**で、責任を表明したことにより、社会的な知名度と高い評価を獲得した。

【貧す人】は、社会正義を語って実践しないが、【稼ぐ人】は、利益を手放してまで、社会正義を実践する。だからこそ、会社の評価が定まり、不動の地位を獲得する。

「○○を買わないで」「○○は慎重に」——あなたが、この空欄を埋めるべき言葉は、何か? この言葉を見出し、**利益を手放してまで言行一致を貫くことをあなたが決意した瞬間**こそ、あなたが社会に評価され始める瞬間だ。

責任を明確にし、それを背負うことなど面倒なことだと思われるかもしれない。

しかし、責任を負うことは、強い絆で結ばれた仲間を得ることへとつながっていく。

あなたが**責任を背負うことは結局、あなたを孤独から解放する**のである。

公式36

断固拒否の法則

貧す人　○○について、議論しよう。

稼ぐ人　○○について、阻止しよう。

「私たちは気候変動について、議論したいのではありません。阻止したいのです」

こんな強烈なメッセージを、会社案内に掲載する企業がある。

そう、あのアップル社だ。

「拒否する」「阻止する」という言葉は、強烈な意志を表明し、望む現実に向かって行動を奮い起こさせる。だから、企業姿勢を打ち出す際には、非常に効果的だ。

「当社の使命(ミッション)は、動物の保護であり……」というより、**「当社は、動物実験を断固拒否します」**というほうが、社内にも社外にも決意が伝わる。また、「サラリーマンの暮らしを支えます」の代わりに、**「消費税増税を阻止します！　店頭価格据え置きで、対抗！」**と表現すれば、頭にこびりつくメッセージになり、社員は意志を持って行動する。

企業理念を持つ会社は多くあるけれど、そこに書かれた文章は、「私たちは地域社会で愛される存在になります」だの、「すべては顧客満足のために」といったもので、ほとんどは他社のマネ。使命感を、**自分の内面からほとばしり出た言葉**で伝え、一貫した行動で示せる会社は、極めて少ない。伝わらなければ、社員は働く意義を見出せないし、行動が言葉からズレていれば、顧客は応援するどころか、離れていってしまう。

言葉の力は、あまりにも偉大だ。

使命を表現するとき、考えなしに言葉を選んでしまうと、そこからは何も始まらないが、リーダーの内面を映し出す言葉を忠実に選んだとき、それは強い意志となり、一貫した行動を生み出していく。

このことは、個人の仕事にも当てはまる。自分のミッションを明確に表現できる人には、どんなに辛い仕事でも、忍耐強くやりぬく意志が宿る。

私が参加した教育関係のミーティングで、ある学校の先生が、声を荒げて言った。

「私は、子どもたちがイヤがっているのに、意味なく繰り返し教科書を覚えさせるような、退屈な授業を**絶滅**させたいんです」

あなたが、**絶滅させたい**ことは何か？ **断固拒否する**、もしくは**阻止する**ことは？

言葉の力によって明確となった、あなたの使命感を世界へ発信することで、会社は強力な世界変革エンジンになっていくのだ。

公式37

シンプルルールの法則

貧す人 誰もが納得する、正しいルールをつくり込もう。

稼ぐ人 誰もができる、簡単なルールから始めよう。

どんなにすぐれた商品を開発しても、どんなにすぐれたマーケティングを展開しても、すぐれた組織がなければ、会社は成り立たない。

それでは、すぐれた組織をつくるためにはどうしたらいいか？

その早道が、行動規範(クレド)をつくることだ。クレドとは、自社の理念を社内に徹底し、誰もが同じ行動を促すためのルール集である。著名なのが、高級ホテル「ザ・リッツ・カールトン」によるもので、同ホテルの社員は、20項目に及ぶルールを一枚のカードにまとめ、携行することが義務づけられている。その内容は非常に具体的であり、読んだだけでも、すべてのビジネスパーソンの学びになる。たとえば、電話応対については——「電話応対エチケットを守りましょう。呼出音3回以内に、『笑顔で』電話を取ります。お客様のお名前をできるだけお呼びしましょう。保留にする場合は、『少しお待ちいただいてよろしいでしょうか？』とおたずねしてからにします」といった具合だ。

20項目の中には、苦情処理、館内案内をはじめとした業務に対する具体的な応対法や、ホテルの中だけではなく外にいるときの心構えについても記されており、ひとりのビジネスパーソンとしての成長を促す、すばらしい内容となっている。

このようなルールは、たった数項目の簡単なものであっても、大きな効果を発揮する。グローバル規模で社長が集う組織「YPO（ヤング・プレジデンツ・オーガニゼーション）」では、3〜5項目に絞ったシンプルなルールを徹底するだけで、収益が20〜50％も改善する企業が続出した。一例を挙げると、あるレストランでは、メニュー選択について検討した結果、「翌週のメニューは、水曜の昼までに決定すること」「5品のうち3品は、過去に売れたメニューにすること」「90％の野菜と果物は地元産であること」といったシンプルなルールを導入した。結果、数か月後には**売上が30％、収益は倍増**した（【出典】"SIMPLE RULES"by DONALD SULL and KATHLEEN M.EISENHARDT）。

【稼ぐ人】は規範をつくるので、すぐにチーム力を発揮する。【貧す人】は、規範がないので、いつまでも個人の力にとどまる。

あなたの仕事で大切にすべき、シンプルなルールは何か？

ルールがなければ、誰もが参加できるゲームにならないのだ。

公式38

表裏一体の法則

貧す人 革新をもたらすのは、自由である。

稼ぐ人 革新をもたらすのは、管理である。

「革新(イノベーション)」を目標に掲げる会社が多くなってきている。

多くの人は、多様性に富む人材を集めてフラットな職場をつくったり、時間にとらわれない自由な働き方を取り入れたりすれば、枠を超えた創造的なアイデアが生まれ、革新的なビジネスが始まるのではないかと考える。

たしかに、こうしたことは、革新を生み出すうえで大切な要件であるが、私の観察によれば、それ以上に、絶対になくてはならない要件は、ズバリ「**管理**」である。

エッ？　と思われるかもしれないが、**管理なしの革新はない**のだ。

私の例を挙げると、締切がなければ、本の原稿は絶対に書き終わらない。さらにページ数の制限、読者からの期待といった「制約」を課せられて、初めて「独創性」にチャレンジできる。自分自身を時間的にも場所的にも、窮屈で孤独な空間に閉じ込めるからこそ、その枠を超える爆発的なエネルギーがあふれ出てくるのだ。

革新と管理は、表裏一体であるという知識は、リーダーシップを取る人にとって、大きな価値を生む。なぜなら、革新を強調する人と管理を重視する人同士は、水と油。一般的には折り合うことが難しいけれど、革新と管理との緊張感を活かしながら仕事を進めていくことができれば、その結果、顧客に商品を届ける際には、次のような説得力のあるキャッチコピーを使えるようになる。


「当店の職人は、5年かかって初めて一人前」

「100回以上の検査をクリアしたものだけが、初めて商品となります」


このようにシビアな管理体制を顧客に示すことで、顧客はあなたの会社が取り組む姿勢を信頼するし、一方、社内では、顧客との約束を守るように、様々な部署が協力し合えるようになるのである。

【貧す人】は、社内の緊張を避けることで、中途半端な価値を顧客に届けるのに対して、【稼ぐ人】は、**社内の緊張すらも、顧客に価値を届けるために活用**する。

こう考えてみると、管理体制の強化が、革新性や創造性をつぶすのではなく、実は、顧客視点の欠如、顧客から乖離してしまうことが、革新性や創造性をつぶすのである。

顧客にフォーカスしている限り、**管理は創造の品質を高め続ける**のである。

公式39

全社を一丸にする顧客評価の法則

貧す人 顧客からの評価がよければ、**打ち上げ**しよう。

稼ぐ人 顧客からの評価をもとに、**戦略を実行**しよう。

今、あなたの会社では、顧客からの評価（レビュー）制度があるだろうか？

もしなければ、今すぐ導入しなければならない。なぜなら、これからの時代は、顧客からの評価を、会社のあらゆる領域で使いこなすことが、あまりにも大きな富を生むからだ。

顧客からの評価を活用する方法は、大きく分けて3つある。ひとつ目は、販促の際、購入をあと押しするための、お客様の声として。2つ目は、商品品質を上げていくためのフィードバックとして。そして3つ目は、会社全体のチーム力を引き上げていくための戦略的指標として活用する。

このように、顧客からの評価は、売上を上げ、品質を上げ、チーム力を上げるといった**一石三鳥もの絶大な効果を発揮**する。その中でも、これから最も重要になるのが、3つ目の、**チーム力を引き上げるために顧客評価を活用する**ことだ。

これからの時代、**ビジネスがもたらす価値は、チーム力によって決まる**と、断言してもいい。チーム力がない会社は、事業運営上、さまざまな領域でズレが生じてしまうが……、これは、会社にとって致命的。【公式30】でも触れたように、バナー広告のデザインと、それをクリックしたあとのウェブデザインの印象が異なるだけでも、ガクッと申込率が落ちてしまう。このことから容易に想像できるのは、広告に限らず、顧客が会社に触れるすべての領域でズレがあれば、顧客の流出を加速させてしまうということだ。

しかしズレを完全になくし、一貫性のある会社を築くのは、簡単ではない。なぜなら、今の時代、会社関係者（ステークホルダー）が、あまりにも多様になっている。社内には、正社員、契約社員、派遣社員、フリーランスなどといった区別があり、さらには社外も、代理店、販売店、アフィリエイターなどの区別がある。ズレのない会社を築くには、こうした異なる立場の人々をまとめあげる**強力なリーダーシップ**が必要であり、そのためには、顧客からの評価の改善を、常に目標としなければならないのである。

【貧す人】は、顧客からの評価に星の数だけを見て、一喜一憂する。

一方、【稼ぐ人】は、**「顧客からの評価は、今月どうだった？」**とまわりに尋ね、社内すべての関係者を巻き込みながら企業戦略を実行する。会社を継続的に成長させる最善策は、顧客から目を逸らさないようにする、**シンプルな指標に集中**することなのだ。

公式40

目の前にライフワークの法則

貧す人 今の仕事は、金にならない。

稼ぐ人 今の仕事は、最高に楽しい。

あなたは、いったいどれほどのお金があれば、満足するだろうか？

ある調査（出典『お金への考え方を変えよう』デビッド・クルーガー著）によれば、この問いに対しての平均的な答えは「現状の2倍」。面白いのは、年収が300万円の人も、1000万円の人も、5000万円の人も、答えは「2倍」なのだ。

このことからわかるのは、**実際に足りないのは、お金ではない**ということだ。

では、いったい足りないのは何なのか？

先日、私が講師を務める経営者向けの勉強会に、時給900円の大学事務職の女性が、なぜか紛れ込んでいた。話を聞いてみると、生活のためにお金を稼げる仕事をしたいという。しかし彼女が求めているのは、生活のための仕事ではない。

本人も気づいていないけれど……、彼女は、自分のライフワークに出合うことを目的としている。ビジネスセミナーに参加し、仲間とワイワイ笑っているうちに、心の中では重大な変化が起こっている――お金が足りないという不安を忘れているのだ。

なぜなら、お金に悩んでいるよりも、やりたい仕事に一歩一歩近づいていくことに夢中になっているからだ。そのうちに人柄が信頼され、気づいたときには収入は上がっている。

このように、報酬に満足するかどうかの根底にあるのは、**使命感を持てる仕事**に出合えるかどうかであり、使命感がともなわない仕事は、どんなに報酬が高くても、決して満足が得られない。その満たされない部分を金銭的に埋めようとするから、いつも「倍の年収があれば……」と考えてしまうのである。

【貧す人】は、生活のために、目の前の仕事をこなす。【稼ぐ人】は、どんな小さな仕事にも、使命感を持てるライフワークを見出す。

そして、使命感を見出す確実な方法は――**目の前の顧客をハッピーにするには、どうすればいい？**と真剣に考えることである。顧客の幸せを一生懸命に考えることは、その顧客に自分自身を重ね合わせなければならないので、自分の幸せに必ずつながっていく。

まわりがつまらないと思う仕事に、最高の面白さを見つける。すると、思いがけないチャンスが飛び込んできて、あなたにしかできない最高の仕事に出合うことになる。

ライフワークは、目の前にある。**この法則に例外は、絶対にない。**

公式41 稼ぐ言葉の法則

貧す人
儲けるためには、何すればいい？

稼ぐ人
稼げるためには、何すればいい？

「稼ぐ」と「儲ける」は、違う。

「儲ける」は、漢字を部首に分けて考えると、「信」「者」から成り立つように、顧客を信者化して、お金を得ようとする状態。利益を最大限に上げる目的で、顧客を依存させてしまう危険性がある。だから倫理観によるコントロールが必要だ。

一方、「稼ぐ」という言葉には、ずいぶん違ったニュアンスがある。禾偏（のぎ）の「稼ぐ」からは、「家」に「禾」、すなわち、**愛する家族に糧（かて）をもたらす**光景をイメージできる。また、古来の日本には、収穫した稲穂を天からの恵みと考え、食物の神様である豊受大神を祀る神社に奉納する習慣があったことを考え合わせると、**稼ぐとは、地域全体が繁栄するための奉仕**を意味していると思う。さらに考えを深めていくと、「稼ぐ」には、**稲が育つまでの物語**が織り込まれている。土を耕し、種を蒔（ま）き、苗を育て、水田に植え、穂が実り、黄金色に変わり、刈り取るといった自然の流れがある。ビジネスも同じように、**自然の流れ**がある。自分と向き合い、顧客ニーズを見つけ、仲間と出会い、葛藤しながらも、自分本来の才能を発見していく物語があってこそ、健全な強いビジネスが育っていく。

このPARTでは、【売れる公式41】を通じて、ビジネスが実るまでの自然の流れ、すなわち成功物語を完成させる要素をすべて網羅した。だから今、大切なのは、物語の結果を刈り取ることではなく、**物語を始めるための一歩を踏み出す**ことなのだ。

あなたが顧客のために、様々な障害を乗り越えた体験から学ぶ叡智はすべて、あなたの商品、会社に記録・蓄積される。そして顧客は、あなたの会社に出合い、その商品を使うまでのプロセスを追体験することで、そこに蓄積された叡智を受け取ることになる。このように、**人の幸せを願いながら生きていく体験を、商品というメディアに記録して、それを広く受け渡していく作業が、ビジネス**なのである。

【貧す人】は、自分のために働くが、【稼ぐ人】は、**まわりに奉仕**する。

私たちは、どんな理想の未来のために奉仕するか? このように、奉仕するもの同士が出会えるからこそ、私たちの心の中に、**仕合わせ(=幸せ)が満ちる**のである。

仕事で直面する困難は、あなたを真の「仕合わせ」に導くための報酬だ。だから本書を手元に置き、勇気を持って踏み出していただきたい。私は、いつだって応援している。

［著者］

神田 昌典（Masanori Kanda）

経営コンサルタント・作家。株式会社ALMACREATIONS代表取締役。日本最大級の読書会「リード・フォー・アクション」主宰。

上智大学外国語学部卒。ニューヨーク大学経済学修士、ペンシルバニア大学ウォートンスクール経営学修士。

コンサルティング業界を革新した顧客獲得実践会を創設（現在「次世代ビジネス実践会」）。のべ２万人の経営者・起業家を指導する最大規模の経営者組織に発展。

わかりやすい切り口、語りかける文体で、従来のビジネス書の読者層を拡大。「ビフォー神田昌典」「アフター神田昌典」と言われることも。

『GQ JAPAN』（2007年11月号）では、「日本のトップマーケター」に選出。

2012年、アマゾン年間ビジネス書売上ランキング第１位。

著書に、『あなたの会社が90日で儲かる！』『非常識な成功法則【新装版】』『口コミ伝染病』『60分間・企業ダントツ化プロジェクト』『全脳思考』『ストーリー思考』『成功者の告白』『2022――これから10年、活躍できる人の条件』『不変のマーケティング』『禁断のセールスコピーライティング』、監訳書に、『ザ・コピーライティング』『伝説のコピーライティング実践バイブル』『ザ・マーケティング【基本篇】』『ザ・マーケティング【実践篇】』などベスト＆ロングセラー多数。

※本書で掲載できなかった原稿「マーケティング・ピラミッド」は、ご希望の方に期間限定で、PDF原稿を差し上げています。URL（http://www.almacreations.jp/b/paso）からダウンロードしてください（諸処の事情により、配布を予告なく終了することがありますので、あらかじめご了承ください）。

稼ぐ言葉の法則

——「新・PASONAの法則」と売れる公式41

2016年2月12日　第1刷発行
2018年3月28日　第3刷発行

著　者——神田 昌典
発行所——ダイヤモンド社
〒150-8409　東京都渋谷区神宮前6-12-17
http://www.diamond.co.jp/
電話／03·5778·7234（編集）　03·5778·7240（販売）

装丁————————竹内雄二
編集協力——————中西 謠
本文DTP　——————南 貴之（4U design）
製作進行——————ダイヤモンド・グラフィック社
印刷————————勇進印刷（本文）、加藤文明社（カバー）
製本————————ブックアート
編集担当——————寺田庸二

ISBN 978-4-478-06748-2